新华人文修养丛书

万建中 ◎ 著

中國民俗 简明读本

丛书主编 要力石

新华出版社

图书在版编目（CIP）数据

中国民俗简明读本／万建中著．—北京：新华出版社，2013.1

ISBN 978 - 7 - 5166 - 0259 - 1

Ⅰ.①中… Ⅱ.①万… Ⅲ.①风俗习惯 - 中国 - 通俗读物 Ⅳ.①K892 - 49

中国版本图书馆 CIP 数据核字（2012）第 306234 号

中国民俗简明读本

作　　者：万建中	
出 版 人：张百新	丛书主编：要力石
责任编辑：王晓娜　梁秋克	责任印制：廖成华
出版发行：新华出版社	
地　　址：北京石景山区京原路 8 号	邮　　编：100040
网　　址：http：//www.xinhuapub.com	http：//press.xinhuanet.com
经　　销：新华书店	
购书热线：010 - 63077122	中国新闻书店购书热线：010 - 63072012
照　　排：北京厚积广告有限责任公司	
印　　刷：北京新魏印刷厂	
成品尺寸：170mm×240mm	
印　　张：12.5	字　　数：166 千字
版　　次：2013 年 9 月第一版	印　　次：2013 年 9 月第一次印刷
书　　号：ISBN 978 - 7 - 5166 - 0259 - 1	
定　　价：32.00 元	

图书如有印装问题请与出版社联系调换：010 - 63077101

出版说明

在现代中国社会，官方文化与民俗文化大概是沿着一条分界线展开的，一方是普通话，即官话，一方是地方方言，即土语。尽管普通话早已渗入民间文化之中，但方言流行的场域都是民俗文化空间。民俗文化对官方文化、倡导"主旋律"的文化产生了一股强大的冲击波，正是这两者之间的矛盾及合力促进了整个民俗文化的发展，正是在这二者的相互刺激和相互影响下，民俗文化的特质才真正得到深刻的表现。

民俗既是文化的，也是生活的，是文化与生活的双重复合体，所以又可称为民俗生活。民俗生活是民众自己的生活，相对于政府主导的生活而言，其对立面是官方化了的生活形态。官方化了的生活形态与经济及政治利益乃至权力意志密切相关，是以官方的价值为中心建立起来的，往往处于中心位置，但易于刻板僵化，导致片面的严肃性和教条主义。尽管民俗生活受到政府主导生活的挤压，不断地被边缘化，但却充溢着旺盛的生命力。人们为什么要从事民俗生活，相对于平日琐碎的由官方设计的工作生活，人们为什么更关注和重视特殊时间段中的仪式活动，尤其是那些流传十分广泛的民俗活动。这似乎是一个简单的无须回答的问题，却又是一个充满哲学意味的值得思考的问题。

民俗存在于特定群体之中，在实施民俗的过程中，人们的目标、情感和态度一致，相互协调、配合和理解。民俗成为自我和他人之间沟通、交流和融合的桥梁，是所有实施者共同分享的精神依托。民俗的时间和空间构筑了人们共有的深刻的心灵领地和生活世界。民俗的参与者们依循年复一年的民俗传统，演绎着对生活的执著、喜悦和希望。民俗意义的生成取决于其本身和参与者们的双重作用。

民俗使人们的行为趋于一致，目标和情感朝着同一方向迈进，但每个人并不会在民俗对话、交际中消融自己内在的独立性，亦即个性，相反，作为参与者，每个人都有属于自己的情感活动、情感指向和情感寄托。在中秋节期间，人们不只是共同享用月饼，每个人都有自己独特的情感表达和祝福意向。举行葬礼期间，每个哀悼者都在与逝去的亲人进行单独对话和心灵沟通。人们一定要利用这送别的最后机会，将往日一直想说又难以启齿的话向死者倾诉，以求得到死者的理解或宽恕。在现实生活中，只有民俗仪式场合既确立了人的自由、独立、主体性，又建立了人的平等的对话机制。而且，这是极其温馨的对话机制。在举行建房上梁仪式当中，父母一再叮嘱自己的小孩不要乱说话，尤其不能说不吉利的话，唯恐破坏喜庆和美好的仪式气氛。民俗生活实在是乌托邦的世界境界。在民俗语境中，人们共欢、共赏、共话，达到人类人文精神的最高理想。

民俗是一种意义明确的行为与言谈，是一种传承性的社会交往行为，是一种多向度的群体性的理解、意义释放和情感宣泄的活动。所有的人都不会无故将自己排斥于这种活动之外。在中秋节，一个人即便不吃月饼，他同样会享受到中秋节的美好气氛和他与别人之间的相互思念与情感。如果有人说"我不举行婚礼"，或者"我今年不过春节"，那这会令绝大部分人感到不可思议，难以理解。在一般人看来，没有任何理由可以排斥这些民俗仪式；或者说，这类仪式活动根本就不能从我们生活中消失。拒绝这类仪式活动，无异于拒绝幸福和快乐。如果有人说"我结婚没有举行婚礼"，那几乎所有的人都会为他感到深深的遗憾。没有任何一种活动像民俗活动这样，人们可以将自己的情感、态度和价值观毫无顾忌地一并展示出来，既不会伤害自己，也不会伤害别人。

"民俗"称谓如同民情、民心、民声、民主、民怨、民生等以"民"作为偏正的词语一样，体现了"民"的主体性与广泛性。民俗又将民情、民心、民声、民主、民怨、民生注入自身本体之中，使人们生活饱含温情与欲望。民俗较之任何文化意识形态和生活形态都更强烈地表现出普遍的人文精神。

民俗生活是非官方的，非教会的，活动的支配权来自民众本身，是按照欢笑与满足的原则组织起来的，是生活本身意愿表达的最佳方式。民俗给人以一种"狂欢节的世界感受"。在民俗仪式活动中，人们忘却了死亡的恐惧，即便有病，也不情愿住院，人人都希望自己全身心融入其中。因为民俗是让人们面向未来的。在节日期间，人们相互祝福，祈求未来的美好。

民俗给人一种社会安定感和相互亲近感，给人们的生活带来秩序和意义，在很大程度上满足了人们对传统的依恋。在现代社会，违背民俗常规和蔑视民俗，一般不会受到严厉的惩罚。人们依循民俗一般并非迫于民俗的威慑，或由这种威慑产生的恐惧，而是民俗给人一种社会安定感和相互亲近感，给人们的生活带来秩序和意义，在很大程度上满足了人们对传统的依恋。

目 录

中国民俗简明读本

一、生产贸易民俗

物质生产和贸易活动是人类最基本也是最重要的活动形式之一。人们赖以生存的物质都来源于生产和贸易。生产贸易活动也成为一个地区最基本的民俗文化形态和文化传统。中国南方和西南的少数民族如壮、彝、独龙、怒、傈僳、拉祜、布朗、景颇、佤、基诺、黎、瑶等一直以农业为经济主体，创造了丰富的农耕民俗。这一民俗形态大致经历了刀耕火种农业（也叫砍倒烧光农业）、锄耕农业、犁耕农业三个阶段。北方和西北的大草原和高原的少数民族如蒙古、哈萨克、柯尔克孜、裕固、塔吉克、藏等民族则以畜牧业为主，这些民族被称为游牧民族，其民俗为畜牧民俗。在东北大小兴安岭上的鄂伦春族和鄂温克族，中华人民共和国成立前以游猎为主，被称为游猎民族，其民俗为游猎民俗。在黑龙江、松花江、乌苏里江边的赫哲族和广西岛上的京族，以渔业为主，其民俗叫渔业民俗。贸易民俗，简称商俗。不同民族和地区同样有不同的贸易场所、不同的商品、不同的贸易方式。

1 鞭春牛与开秧门

　　农业生产周期长，程序十分复杂，所呈现出来的民俗事象也非常丰富。

　　"鞭春牛"是一年当中农业生产第一项民俗活动。鞭春牛又叫打春或鞭春，是过去流行全国的岁时习俗。在北京，这一仪式过程大概是这样的：立春前一天，先将泥塑的春牛送至城郊的先农坛，或在先农坛举行过迎春仪式又将春牛抬回地方行政官署。在立春这一天，官绅都要事先沐浴洁身，更换素净的衣服，不坐轿不骑马，步行到坛前或官署前，和当地民众聚集在一起。等到"春官"报告立春时辰已到，扮成"芒神"的行政长官用"春鞭"抽打泥塑的春牛，意思是打去春牛的懒惰，让它勤奋耕地，夺取丰收。春牛被打烂后，大家争抢碎土，据说扔进田里，就可以获得丰收。

　　后来，泥塑的春牛变成了纸牛。纸糊的牛是经不住打的，鞭子一抽下去，立即皮开肉绽，牛肚子里事先装入的五谷便散落一地，这象征着"五谷丰登，谷流满地"。鞭春牛更有积极意义的是：当时的历书不像现在的挂历一样流行，即便有，农民们一般也看不懂。为了能使耕种者知道"立春"节气的到来，用"芒神"来打"泥牛"或"纸牛"，可吸引更多的农民来观看，这就具有更广泛的宣传作用，使他们及时知道春天的到来，农事即将开始。

　　湖南一带的鞭春牛习俗则演变得更富地方特色。湘桂接界地区和湘西南地区的

鞭春牛

"耍春牛"活动很有代表性。"立春"这天，两个强壮的后生扎黑绑腿，身穿紧身衣，头戴用竹和纸扎的"牛头"，套上青土布缝制的"牛身"，扮成一头"春牛"，由一支鼓乐队和一支农耕队领着，挨村挨寨去耍。村民对"春牛"来耍十分高兴，纷纷放爆竹迎接。耍完后由农耕队持农具到田间实地表演耕作，并在乐队伴奏下演唱《十二月花歌》。《十二月花歌》从正月唱到十二月，以指导如何生产作为演唱的内容。如唱正月的歌词是"正月里来正月花，你莫东家走西家。塘坝有漏早点堵，犁耙有锈快点擦！""耍春牛"是一良风美俗，它在娱乐中宣告一年繁忙的农耕生产已经开始，提醒人们切莫误了大好时光。同时，它也表达了人们对耕牛的厚爱以及对获得好收成的良好祝愿。

在水稻生产的规程方面，形成了一些模式化的仪式环节，如"开秧门"、"关秧门"、"尝新米"等。

南方稻作地区一般在清明前后下稻种。下稻种须在下午，传说上午下稻种，稻种要浮起来，要出毛病。浙江宁波则称下稻种为"落秧子"。稻种落田要择日，忌逢"乙"之日。下稻种的人要吃饱点心、年糕或粉干之类，认为肚子吃得饱，稻种下得匀，秧也长得好，稻子会丰收。下种时忌说鸟雀等词，而要说些"口彩话"，如稻种挑出去，习惯浅于箩口，以讨"浅出满进"之口彩。箩绳要仔细检查，防止倒翻，临出门要念"一担出，万担进"，男的挑担，女的说吉利话。稻种下田后，在秧田前竖一稻草人，为驱赶鸟雀食谷。并用三炷香、三根黄荆柴，外包黄表纸、云鹤，插在田缺边，认为这样五谷神会保护秧苗长得好。下了稻种之

插　秧

后，春耕生产开始紧张，民间忌男女房事，长辈要把已成家的儿孙叫到自己房里睡，以保护身体。

第一次插秧时，要用香与蜡烛到秧田里烧一烧，再开始拔秧，叫"开秧门"。农家视"开秧门"如办喜事，以迎一年农事的开端。在浙江嘉兴此日的饮食是"早晨鲞鱼中午蛋，晚上一顿小酒会"；并且"上午团子下午糕，点心送到田横头"。吃鲞鱼头，寓意为种田有"想头"。鲞鱼头放在桌上，鱼头要向南，兆晴，会有好运；忌向北，向北则兆雨，不吉利。团子和糕，象征团团圆圆，年成步步高。

开秧门时还有若干禁忌：插第一行时忌开口，认为开了口以后手要伤筋。插秧时，人与人之间不可随便传递秧把，认为传递秧把会使这两个人成为冤家。甩秧把时，忌甩在种田人的身上，认为被秧把甩中的人要倒霉。插秧人插到田关时，手中多余的秧把要整把插在岸边水田之中，称为"多秧"，表示今年多粮。插秧时，所解下的缚秧把的稻草，不可乱扔，要放在已经插好的秧苗行间。如果乱扔，新插下的秧正好插在这束稻草上，就认为是"子犯娘"，要"天打煞"的，种田人要得病。许多人在同一爿田中插秧，种完田后若发现动作最慢的人被围困在田中央，俗称"戴田枷"，不吉利。插秧时换行要预先考虑这一点，或者换人，或者故意留下几行不种，让最后一人退出以后再补上，称为"留出路"，等等。在部分地区，开秧门之日要在家中设三牲祭祖"田土地"。

插秧结束的那一天，称"关秧门"。习俗是一定要早上岸，即安排农活必须在下午三四点钟时就全部完成，如果估计来不及，要及早请帮手相助。浙江嘉善一带还有请田歌

开秧门

手来唱田歌的习俗，以祈求吉利。关秧门这天，要一切顺利，如果安排不妥，以至天黑尚有一只田角来不及插上秧的话，这户农家就被认为不吉利。

关秧门后，次日，媳妇都要回娘家，探望父母，并要送上一些礼物。插秧以后，农家勤管田水，经两遍耘田施肥后，即要"烤田"，以促使稻禾根系发达。

❖2 抬龙王神像求雨

中国作为一个农业国，农业生产是最基本的生产活动。水对农业生产起着至关重要的作用。在中国民间，龙被视为掌管雨水的大神，自古以来都对龙顶礼膜拜。

俗话说："虎能生风，龙能唤雨。"自古以来，龙就被认为是司雨之神。龙所降下的雨水是从哪里来的？蒲松龄在《聊斋志异》中说："俗传龙取江河之水以为雨"，也就是说，人们认为龙将江河里的水带到天上，再以降雨的形式把它洒向人间。这与今天科学所描述的自然界水循环的道理有些相似，只是古人以为水的蒸发和蒸汽的凝结这些环节都是靠龙的神力来完成的。也有民间故事讲到，龙尽管是司雨之神，但它也只是奉旨行事，什么时候降雨，哪里降雨，降多少雨，这些它都做不了主，而是由它的顶头上司——玉皇大帝决定的。一旦龙违章办事，就会遭到严重惩罚。

不管龙对于降雨的职权

水 车

有多大，反正它是直接掌管这件事情的，而降雨是否充沛关乎农业收成和百姓性命，所以自古以来，中国人有祭龙祈雨的习俗。根据古书记载，周朝人和汉代人在祈雨时所祭祀的龙还是天上的星宿，也就是"东青龙，西白虎，南朱雀，北玄武"中的"青龙"。不过汉代也出现了堆土龙求雨的习俗，《山海经·大荒东经》中还讲述了一个关于这个习俗来历的神话：

应龙本来是天上兴云布雨的神，后来它答应帮助黄帝来攻打蚩尤和夸父。它以水为武器，将蚩尤和夸父都打败了，但它也因此用尽了神力，再也上不了天，于是天下大旱。后来人们想出了将土做成应龙的形状，以此来求雨的办法。

倘若请龙多日，还是没有降雨，那么人们就不再对龙那么恭敬了，有些地方人们会通过"晒龙"的方式来惩罚它，就是抬着龙在烈日下游行，让龙也体验一下干旱的滋味。在暴晒的过程中，人们也会不时往龙身上洒点水，大概是怕惩罚过头，真把龙王惹怒了，更得不到雨水。堆土龙求雨这种习俗在中国历史上存在的时间很长。

龙神像

中国人的观念中还有龙王，其实龙王这个神灵并非出自本土，而是随着佛教而传入中国的，后来道教也将它纳入其中，在两大宗教的影响之下，民间才渐渐认可了它。古时候在全国各地，到处都能见到龙王庙。人们常向龙王求雨，连皇家也不例外。北京颐和园南湖岛上有座龙王庙，清朝的嘉庆帝和慈禧太后都曾在此求雨。

3 百工技艺

工艺常与工巧、技艺相结合。《考工记》中说："知者创物，巧者述之，守之世，谓之工。"《说文》中记载："工，巧也，匠也，善其事也。凡执艺事成器物以利用，皆为之工。"

我国古代手工技艺发达，各朝各代都有技艺精湛的手工艺人，而且发

上 釉

展形成了丰富的手工艺门类。过去宫廷中设有专管百工技艺的部门。《汉书·百官》中对工艺生产进行细致的分工，由各署分管；唐代中央设有少府监，监管百工技艺之作；宋代有文思院，掌管金银、彩绘、珠玉、雕刻、刺绣等，内侍省掌管宫廷婚娶用具的制作；清朝宫廷设有造办处，负责制造各种工艺用品。

中国民间有"三百六十行，无祖不立"的俗语，也有三十六行、七十二行、三百六十行的说法，还有三教九流、江湖四大门七十二寡门的

晨练

剪纸

指称等等，这些行业数目都是一种泛指，意谓行业之众多。各地民间工艺产品的主要种类有：竹刻、木刻、石雕、瓷雕、玉雕、贝雕、砖雕、铁画、麦秸画、枯叶画、羽毛画、剪贴画、杨柳青年画、剪纸、鞋花、窗花、顾绣、苏绣、湘绣、蜀绣、蜀锦、壮锦、傣锦、蜡染、夹缬、风筝、草编、绢花、盆景、纸塑、蜡塑、面塑、泥塑、陶塑、景泰蓝、粉彩瓷、青花瓷、玲班瓷、薄胎瓷、脱胎漆器等等。

民间工艺大体可分为两类，一类偏重实用的手工艺，如陶艺、布艺、农具等；一类是偏重欣赏性的手工艺术，如年画、皮影、剪纸、泥塑等。这些工艺品一般就地取材，以天然原料为主，由农民和手工业者进行传统的手工技艺制作，具有浓郁的地方特色和民族风格。

民间工艺的内容和种类丰富多样。民间工艺大多是对天然材料进行手工加工制作，按其材质可分为纸、布、竹、木、石、土、金属、陶瓷、皮革、面、草、藤、漆等不同材料的手工艺品。根据其制作技艺，又可分为雕塑类、绘画类、剪刻类、编织类、印染类、纸扎类等。还可以根据民间工艺的功能，将其分为建筑陈设类、日常器物类、节俗礼仪类、观赏把玩类、游艺表演类等。

民间工艺与民俗活动密切结合，与人们的日常生活密

竹编

2013年4月13日，在甘肃天水汉唐艺术苑里，雕塑师韩京航（右）正在和同伴一起创作麦积山石窟的泥塑作品。 新华社记者 陈斌 摄

切相关。我们的吃、穿、住、用、行、娱乐，样样离不开民间工艺。民间工艺也在岁时节日、人生仪礼、祭祀供奉等活动中发挥作用。民居、宗祠、戏台、牌楼、桥梁等需要泥瓦匠一砖一石地垒起来，这些建筑上面的飞檐、门饰、影壁、砖雕、牌匾、照壁、花窗等装饰，也需工匠的手工技艺。我们穿戴的服饰、发饰、首饰，家庭日用的家具、灯具、餐具、炊具等，既是实用器物，也是手工艺术品。春节的年画、端午的香包、中秋的兔儿爷、巫师的神具、葬礼中的纸扎人物等，都是节日庆典、社会礼仪中的装饰品，具有表达情感和情绪的功能。空竹、皮影、风筝、泥塑等游艺玩具给人们的日常生活增添了无限的乐趣。

4 行业祖师爷

　　行业祖师崇拜是民间文化的一个分支。对本行业祖师，过去各行业都很重视，视其为保护神。旧时，各行各业都有自己的祖师神。

　　祖师爷都是些很有名望的人，直接或间接地开创、扶持过本行业。有些人成为祖师爷纯属偶然，有的是后人所产生的联想，有的几个行业共用一个祖师爷，诸如典当业、算命业、香烛业、蚕业、丝织业、糕点业都是以关羽作为祖师爷，有的则是一个行业有好几个祖师爷，诸如盐业就有管仲、蚩尤、张飞、炎帝、鲁班等。各行业的始祖有：农业神农氏，蚕业马头娘、嫘祖，织业黄道婆和织女，典当业、算命业、香烛业、蚕业、丝织业、糕点业都是关羽，渔业伏羲、海龙王和姜子牙，商业财神爷包括财神赵公明、文财神比干、武财神关羽、五路财神何五路，纸业蔡伦，笔业蒙恬，陶业范蠡，铸业李老君，酒业杜康，醋业帝子，水业水母娘娘，屠业张飞、樊哙，厨业詹王、易牙、灶君，药业孙思邈，医业华佗，染业梅葛二仙，车行马王爷，牛行牛王爷、龚遂，自行车行哪吒，刺绣业妃禄仙

武财神关羽

女，鞋匠祀孙膑，油漆、扎彩业吴道子，染纺业葛洪，玉器业邱长春。

　　同一行业的祖师崇拜对象也因地域不同而有所差异，比如，各地敬奉的陶瓷业祖师并不相同。江西景德镇敬奉童宾，广东石湾敬奉舜帝，湖北宜兴敬奉范蠡，而湖南的陶瓷工人敬奉陶正。玉器行业中，北京玉器业拜丘处机为祖师，苏州玉器行则尊周宣王姬靖为祖师，而有些地方的玉器匠人则祀白衣观音。对祖师爷的称呼也存在地域差异，除了祖师爷外，还有祖师、神师、先师、师傅、本师等叫法。

　　各行各业都有祭祀行业祖师的习俗，要为该行业所敬奉的祖师爷树碑立传，建祠塑像，简单一点的做法则是在行会所在地、店铺、作坊中悬挂神像或安设神位。凡行业中人都要绝对尊崇祖师，不能稍有不恭，否则，便会遭到责罚。这些行业神的一个基本职责就是帮助本行业的成员驱逐一切灾祸不幸。另外，各行业为了确保本行业内的生活、生产能平安进行，除了敬奉祖师爷外，还必须遵循各种各样的禁规忌讳。甚至"盗亦有道"，连

做小偷也有忌讳，如"兔子不吃窝边草"，即不偷乡亲邻里家的财物；"贼无空手回"，即出门行窃，哪怕值钱的东西偷不到，也得顺手带回一些不值钱的东西之类。当然，行业以内的俗规，大多只是行内人恪守而已。这方面的行为规范成为中国民间行业文化的一个重要内容。

鲁班祖师

祖师爷不但是各行业的保护神，而且是各行业的精神信仰中心。祖师崇拜不仅仅是行业工匠艺人对授予饭碗的先人的崇敬，在传统社会中，建立祖师崇拜的行规，相当于建立了各项知识技能的分类体系，各行业在本行范围内形成紧密的联系，规训行业群体的生活，加强行业内部交流，使技艺世代相传。

5 商业幌子

生产出来的产品除了满足自身需求外，其余的用于交换。商品交换活动要在一定场所进行。这种交易场所有市、墟、集、会等各种称呼，南方曰市，北方曰集，蜀中曰疾，粤中曰墟，滇中曰街子，黔中曰场。"市"是比较通行的说法，它又有具体分类。比如，从交易时间上看，有早市、夜市，有日落后交易的夕市、穷汉市；从交易的内容看，又有草市、鱼市、香市等。凡"市"都要有店铺，店铺经营的品种以幌子作为标识。

幌子一般分为"常年型"与"季节型"两大类。常年型中又可分为三种：形象式、象征式、实物式。所谓形象式，就是以商品的形象化形式来表意。如在我国北方，饮食店铺一般都挂"罗圈幌"——上面有三根绳，糊白纸毛，上下均有白纸或粉纸剪成的纸花，这是"烧卖"与"花卷"的形象。中间有一道罗圈则代表筛面的竹箩与蒸馒头的笼屉，下面是难以计数的纸条(后多改用塑料)，表示下锅煮沸的面条。这种幌子还分"红"、"蓝"两种，红色表示"大教(汉族)的饭铺"，蓝色则表示专供回族群众用餐的。此外，铺前的幌子多寡还提示店铺供应的品种和规格。

茶　幌

挂一个"幌"那是饺子馆、包子铺。挂两个"幌"那是卖家常便饭、中型和菜的一般酒家。如果门前有四个幌，那是专营名菜酒席的大店、名店了。

形象式幌子，过去各类商店用得最多。专营绸缎布匹的铺子，常挂的是宽一尺，长五尺的绸缎幌子，俗称"大布幌"。专售药品的铺子，挂的是一对"膏药幌"——每个幌子是四块画有膏药的方形木板(或铜板)，下有双鱼标记。"膏药"代表"名贵药材"，"双鱼"醒目，表示"老少无欺"。

现代幌子

象征式幌子，就不是以商品的具象出现了，而是以他物来暗示。如浴室、澡堂无法将赤身裸体男女沐浴图挂上，一般挂红灯以示"日夜营业"。干果食品店，南北货物众多，很难用某一样来代替。民间就采用了"八仙

13

幌"——四块木牌双面彩绘的吕洞宾、何仙姑、铁拐李等"八仙"人物形象，象征本店经营"四时贡品，八味糕饼"。

实物式幌子，即卖啥、挂啥，做什么，挂什么。修理自行车的小作坊，门口常挂旧的自行车轮胎，以示经营的行当。

所谓季节性幌子，那是应时应景的，如时逢中秋，店门口挂起特大月饼图案、月饼盘子等。重阳节挂起各式糕团干点幌子。

旧时，不识字的民众很多，各商店主要通过幌子的形式告诉顾客经营的品种。这些幌子直观明了，顾客一看就明白。同为饮食店，供应面食的小吃店与供应酒席的大店，决不会相混淆。

⑥ 行商小贩的货声

除店铺外，还有走街串巷的游商，他们通过吆喝声招揽顾客。吆喝叫卖，属于用声音指称所卖货物的民俗形态，称"货声"或"市声"。行商小贩，在走村串巷贩卖货物时，仍继承旧时的传统，利用响器声和吆喝声招徕顾客。

北京前门上元灯会走街表演中的吆喝叫卖

新华社记者 张宇 摄

旧时北京城里的货声颇具特色，小贩的吆喝一般都有简单的曲调，顾客即使听不清他所吆喝的内容，但根据其约定俗成的曲调就能辨别卖的是什么货物，小贩的响器也大都按行业的不同而各具特色，方便顾客辨别。北京、天津一带卖小吃的小贩，吆喝花样颇多，常见的有卖金鱼儿的："哎——大小——金鱼来！"卖樱桃的喊："小红的樱桃，快尝鲜！"卖白薯的喊："栗子味蒸白薯咧！""老豆腐，开锅！""炸丸子，开锅！""热的哆……大油炸鬼，芝麻酱来……烧饼"，"炸而筋……肉"，"哎嗨，小枣儿混糖的豌豆黄嘞！"如此等等。还有些小贩，在长期的吆喝叫卖中，其吆喝声已形成一些固定的腔调，且多具有北方高腔的音乐性旋律，如卖蔬菜的，其吆喝声不但旋律高亢、声腔清扬，而且还可以一声吆喝一大串，一口气报出十几种蔬菜的菜名："青韭呀芹菜扁豆葱，嫩泠泠地黄瓜来一根吧！……"，又如夏天卖冰激凌的："冰儿激的凌来呀，雪花那个落儿，又甜又凉呀……"等等。

北京、天津一带小贩用于招徕顾客的响器，常见的有剃头的手里拿一把上宽下窄、形似镊子的响器，叫"换头"，用铁棒拨拉发出"嗡嗡"三声；卖布的播拨浪鼓；卖日用百货的用竹藤棍敲击葫芦瓢；卖瓦盆的用小木槌敲盆；卖油的敲梆子；卖吹糖人的敲一面大锣；卖糖的敲一面小锣；推车卖酱油醋的，多以敲梆为号；铜锅锅碗的，以家什担子上悬挂的铜盆铜碗摇荡击撞的声音为货声；磨剪子磨刀的或以口头吆喝的"磨剪子来——抢菜刀！"或以手摇"手串铁板"（俗称"三片铁"）做货声；而卖乌梅汤的，则以手持"冰盏腕儿"令其撞击出声；乡间货郎则手摇"拨浪鼓"敲击出声；收旧货的或击小鼓，或敲铜锣等等。其他的代声器具还有：卖空竹的以抖空竹为号，卖五香豆腐干的以敲锅沿儿为号，卖糖豆花的以敲瓷碗为号，卖算盘的以摇算盘为号，卖冰棒的以敲冰棒箱为号，磨刀人晃动五爿钢铁片，耍耗子的吹唢呐，如此等等，各种声音此起彼伏，演奏出中国城镇胡同里巷特有的交响曲。

旧时各地城镇流行不辍的货卖声，以其特有的艺术魅力和乡土风采引起文学家、美术家的关注，如著名作家林语堂《京华烟云》里曾写道：在北京"有街巷小贩各式各样唱歌般动听的叫卖声，走街串巷的理发匠的钢叉震动悦耳的响声，还有走街串巷到家收买旧货的清脆的打敲声，卖冰镇酸梅汤的一双小铜盘子敲击声，每一种声音都节奏美妙……"货卖声登上了文学艺术的大雅之堂。

二、饮食民俗

　　人类的发展，一要生存，即种族的延续；二要温饱，即饮食。当华夏民族种族的繁衍不再受到威胁，人们就将大部分乃至全部精力倾泻于对饮食的追求上。由于自然环境、物质生产及人文思想等诸种合力的影响，中国饮食民俗是中国民间文化史的重要支柱，在中国民间文化中最具特色。台湾知名作家柏杨赞云："世界只有中国饮食不是靠国力而是靠艺术造诣，侵入各国社会的，美国也好……巴西也好，处处都有中国的餐馆。"日本学者石毛直道亦说："中国餐馆遍布于世界，只是各国人民赞誉中国饮食是真正的美味佳肴，而同国家权力毫无关系。"中国饮食的魅力得到全世界的公认。

1 感性的饮食观念

谁也不会否认，西方是一种理性饮食观念，不论食物的色、香、味、形如何，营养一定要得到保证，讲究一天要摄取多少热量、维生素、蛋白质等等。即便口味千篇一律，甚至比起中国的美味佳肴来，简单单调得如同嚼蜡，但理智告诉他：一定要吃下去，因为有营养。说得不好听，就像给机器加油一样。

东坡肉

这一饮食观念同西方整个哲学体系是相适应的。形而上学是西方哲学的主要特点。西方哲学所研究的对象为事物之理，事物之理常为形而上学理，形而上学理互相连贯，便结成形上哲学。这一哲学给西方文化带来生机，使之在自然科学上、心理学上、方法论上实现了突飞猛进的发展。但在另一些方面，这种哲学主张大大地起了阻碍作用，如饮食文化，就不可避免地落后了，到处打上了方法论上的形而上学痕迹。在宴席上，可以讲究餐具，讲究用料，讲究服务，讲究菜之原料的形、色方面的搭配；但不管怎么豪华高档，从洛杉矶到纽约，牛排都只有一种味道，毫无艺术可言。而且作为菜肴，鸡就是鸡，牛排就是牛排，纵然有搭配，那也是在盘中进行的。一盘"法式羊排"，一边放土豆泥，旁倚羊排，另一边配煮青豆，加几片番茄便成；一道"红焖鸡"做好后放几块在盘子一边，其他几处再放黄油炒面条、煮青豆、炸土豆条、红菜头丝和生菜叶，再加两枚刻鸡蛋花（熟鸡蛋刻上花纹），各占一方。色彩上对比鲜明，但在滋味上各种原料互不相干、调和，各是各的味，简单明了。

佛跳墙

西方烹调不以吃味为目的，而且有些吃法极不利于吃味，比如西方人善饮，而酒，特别是烈酒是极影响品味的。再如以美国为主的西方人，都比较喜欢吃凉一点的食物，尤其在冰箱大量行销之后，美国人的绝大部分食物都与冰凉结了不解之缘。冰淇淋是常年不缺的恩物，冰水更是不离口的饮料。这究竟是好是坏，我们无从置评，但就饮食的滋味讲，恐怕是有欠理想的。食物菜品，若想有滋味，味道好，第一件事，就是离不开"热"。

中国则是一种感性饮食观念。人们在品尝菜肴时，往往会说这盘菜"好吃"，那道菜"不好吃"；然而若要进一步问一下什么叫"好吃"，为什么"好吃"，"好吃"在哪里，恐怕就不容易说清楚了。这说明，中国人对饮食追求的是一种难以言传的"意境"，即使用人们通常所说的"色、香、味、形、器"来把这种"境界"具体化，恐怕仍然是很难涵盖得了的。人们多从味觉、视觉、嗅觉、触觉等方面直观地把握饮食文化，而不论营养是过度，还是不足，也不论食物的各种营养成分是否搭配得当，只要口味好（这是最重要的），色彩美，造型佳，便乐意享受这口福。

2 菜系的形成

由于中国各地自然条件不同，各地人民对饮食滋味的要求就不一样。古人认为，美味佳肴，"物无定味，适口者珍"。清代钱泳《履园丛话》论治庖时，也认为"烹调得宜，便为美馔"；"饮食一道，如方言各处不同，只要对口味"。如黄河流域的人们就普遍喜爱腌渍食品，口味较重，它以齐鲁饮食文化为代表。古籍中记载齐鲁地区人们的经常性菜肴有：醢、菹菜、酱等，这都是用盐腌渍的食

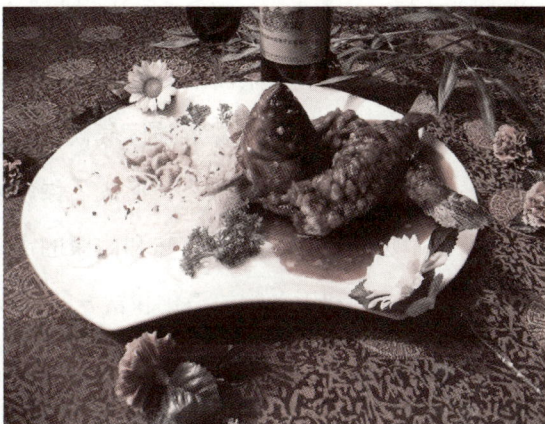

糖醋鲤鱼（鲁菜）

物。所以，生活在鲁国的孔子，平日饮食是"不得其酱，不食"（《论语·乡党篇》）。而长江流域人们的饮食口味就与黄河流域大相径庭，它以荆楚饮食文化为代表，楚人饮食大体是遵循"大苦咸酸、辛甘行些"（《楚辞·招魂》）来调和五味的。这种不同地区口味的偏差，成为中国饮食格局构建的基础。中国饮食文化的一大特点，就是在艺术烹调的基点上，根据各地不同的味觉习惯，在选料方式、操作方法、色泽搭配等方面，逐渐构成了区域性的食谱程式——菜系，以及由此而衍化的各种风味饮食，食用惯制。

由于地理条件、气候环境和食品种类的不同，各地人们的饮食口味和饮食结构都有明显差异。纵观中国饮食文化的分布格局，大致可以划分为十一个相对独立的特色板块：①东北圈，②京津圈，③黄河下游，④长江下游圈，⑤东南圈，⑥中北圈，⑦黄河中游圈，⑧长江中游圈，⑨西南圈，⑩西北圈，⑪青藏高原圈。（赵荣光：《饮食文化概论》）

成书于战国时期的《黄帝内经·素问》指出："故东方之域，天地之所始生也。鱼盐之地，海滨傍水，其民食鱼而嗜咸，……西方者，金玉之域，沙石之处，天地之所收引也。其民陵居而多风，水土刚强，其民不衣而褐荐，其民华食而脂肥。……北方者，天地所闭藏之域也，其地高陵居，风寒冰冽。其民乐野处而乳食。……南方者，天地所长养，阳之所盛处也，其地下，水

土弱，雾露之所聚也，其民嗜酸而食胕。……中央者，其地平以湿，天地所以生万物也众。其民食杂而不劳。"各地饮食的差异乃自然形成，自然环境具有决定性的作用。譬如，傣族地区气候炎热、潮湿，食品容易发酵。发酵食品的一大特色是酸。久而久之，形成了傣族人酸食的饮食个性。而酸味食品恰恰满足了炎热地区人们对口味和健康的需求。因为酸食具有两大功能：一是刺激食欲，有利于食物的消化和营养的吸收；二是有消暑解热的效用。

北京全聚德烤鸭

从历史文献的记载来看，中国饮食调制的地方风味差异，其形成的时间可以追溯到先秦时代。《礼记·内则》比较详细地介绍了西周时代天子食用八样美味菜肴（号称"八珍"）的烹饪方法，这是目前所能见到的中国北方菜的最早食谱。其用料多为陆产，属黄河流域地方风味；而《吕览·本味》、《楚辞·招魂》所列举的菜肴，其用料多为水产禽类，属长江流域地方风味。两汉以后，西南部的巴蜀、益州以及东南部的吴越广陵成为天下重镇，经济文化空前繁荣，富饶的物产资源得到更好的开发和利用；及至唐代，中国饮食调制法的风俗传承在南方形成三大各具特色的区域：西南长江中上游的川味；中南长江中下游的淮扬味以及岭南珠江流域和闽江流域的粤闽味。山东是我国著名的文化发源地之一，秦汉时期，冶铁、煮盐、纺织三大手工业尤其发达，生产力的提高大大促进了山东烹饪的发展和提高。到了宋代，"川食"、"虏食"、"南烹"之名见于典籍。川、鲁、苏、粤四大风味菜实际已基本形成，元、明、清三代，特别是清代，各地方风味有明显发展，《清稗类钞》"各省特色之肴馔"一节说："肴馔之有特色者，如京师、山东、四川、广东、福建、江宁、苏州、镇江、扬州、淮安。"在四大菜系的基础上，又增加了闽菜、京菜、湘菜、徽菜，成为八大菜系。

3 吃"草"的民族

凡饮食都离不开菜。在中国"菜"为形声字，与植物有关。据西方植物学者的调查，中国人吃的蔬菜有600多种，比西方多6倍。实际上，在中国人的菜肴里，素菜是平常食品，荤菜只有在节假日或生活水平较高时，才进入平常的饮食结构，所以自古便有"菜食"之说，《国语·楚语》："庶人食菜，祀以鱼"，是说平民一般以菜食为主，鱼肉只有在祭祀时才可以吃到。菜食在平常的饮食结构中占主导地位。

中国人以植物为主菜，与佛教徒的鼓吹有着千丝万缕的联系。东汉初年佛教传入我国，到南北朝时，佛教在我国的发展达到高峰。当时，南北各地，广修佛寺，佛教信徒人数大增，"南朝四百八十寺，多少楼台烟雨中"，正是对这一史实的写照。脱俗为僧，入寺吃斋，他们视动物为"生灵"，而植物则"无灵"，所以，主张素食主义。

西方人好像没有这么好的习惯，他们秉承着游牧民族、航海民族的文化血统，以渔猎、养殖为主，以采集、种植为辅，荤食较多，吃、穿、用都取之于动物，连西药也是从动物身上摄取提炼而成的。西方人在介绍自己国家的饮食特点时，觉得比中国更重视营养的合理搭配，有较为发达的食品工业，如罐头、快餐等，虽口味千篇一律，但节省时间，且营养良好，故西方国家的人身体普遍比中国人健壮：高个、长腿、宽大的肩、发达的肌肉；而中国人则显得身材瘦小、肩窄腿短、色黄质弱。西方人以中西食物的差异来判定双方饮食营养的优劣是没有道理的。孙中山先生对饮食文化有深刻的研究和精辟的论述。孙中山在一次演讲中，谈到了"吃"的问题，他说："人类谋生的方法，进步之后，才知道吃植物。中国是文化很古老的国家，有了四千多年的文明史，进化到农业时代，懂得了吃五谷，原是很久远的事情，应该说比欧美进步得多。"他还指出："吃素是文明的表现。人类文明从生活方式的进化来看，可以分为四个时期：鱼类时代、畜牧时代、农业时代、工业时代。"他在《建国方略》中，详述了中西饮食现象的差异，并且得出结论："中国常人所饮者为清茶，所食者为淡饭，而加以蔬菜、豆腐。此等之食料，为今日卫生家所考得为最有益于养生者也。故中国穷乡僻壤之人，饮食不及酒肉者，常多上寿。又中国人口之繁昌，与乎中国人拒疾疫

毛豆豆腐

之力常大者，亦未尝非饮食之暗合卫生有以致之也。"他还说："中国素食者必食豆腐。夫豆腐者，实植物中之肉料也。此物有肉料之功，而无肉料之毒，故中国全国皆素食，也习惯为常，而无待学者之提倡矣。欧美之人所饮者浊酒，所食者腥膻，亦相习成风，故虽在前有科学之提倡，在后有重法之厉禁，如俄美等国之厉行酒禁，而一时亦不能转移之也。"孙氏之言科学地道出了中国饮食之利及西方饮食之弊。事实上，在生理营养科学上，中西已逐渐趋向双方之融合。西方的餐桌上蔬菜的种类及分量明显在增加，而中国随着生活水平的提高，肉类和牛奶及奶制品在饮食结构中的比重正在大大增加。

有人根据中西方饮食对象的明显差异这一特点，把中国人称为植物性格，西方人称为动物性格。反映在文化行为方面，西方人喜欢冒险、开拓、冲突；而中国人则安土重迁，固本守己。按照美国民俗学家露丝·本尼迪克特的"文化模式"理论，中国人的文化性格颇近似于古典世界的阿波罗式，而西方人的文化性格则类同于现代世界的浮士德式。的确，西方人如美国人在开发西部时，他们把整个家产往车上一抛，就在隆隆的辎重声中走出去了。而中国人则时时刻刻记住有"家"和"根"，尽管提倡青年人要

四海为家，但在海外数十年的华人，末了还拄着拐杖来大陆寻根问祖。这种叶落归根的观念，不能不说是和中国人饮食积淀相通合，它使中华民族那么的富有凝聚力，让中国的民俗那么的富有人情味儿。中国还有一句古语，叫作"咬得菜根，百事可做"。菜根条件意味着艰苦卓绝的生活。中国人凭着"咬菜根"的决心和气魄，创造了全世界最古老最灿烂的文明。而当我们回过头来看的时候，古巴比伦、古希腊、古埃及这些食肉民族的文明，都已经消失或黯淡了。

4 美味在于调和

中国饮食之所以有其独特的魅力，关键就在于它的味。孙中山先生在阐明烹调与文明的关系时，亦着重强调了"味"，他说："烹调之术本于文明而生，非深孕乎文明之种族，则辨味不精。辨味不精，则烹调之术不妙。中国烹调之妙，亦足表明进化之深也。"有一突出的例子，就是中国人对美味的追求竟然包括臭味在内。世界上，除了中国人，不知道还有哪儿的人喜欢吃臭味食品。西方人的奶酪似乎和臭味沾点边，不过，与中国的臭豆腐相比可差远了。中国的臭豆腐，闻起来臭，吃起来却有一种独特的怪香味，而且南北生产的臭豆腐口味不同。北方的臭豆腐一般作为调料，南方的臭豆腐已经是一道菜了，但不管哪一种从选料到制作都极为考究、精制。

东北乱炖

美味的产生，在于调和，要使食物的本味加热以后的熟味，加上配料和辅料的味以及调料的调和之味，交织融合协调在一起，使之互相补充，互助渗透，水乳交融，你中有我，我中有你。这正如张起钧先生在《烹调原理》中，对上海菜"咸笃鲜"描述的那样："虽是火腿、冬笋、鲜肉三味并陈，可是在煮好之后，鲜肉中早有火腿与笋的味道，火腿与笋也都各已含有其他两种因素。而整个说起来，又共同形成一种含有三种而又超乎三种以上的鲜汤。最典型的例子，莫如北京的溜黄菜，所用的材料是鸡蛋、鸡汤，茨粉、猪油和一点荸荠，但做好了以后，那就只是一碗溜黄菜，原来放的是什么一点都不知道，外行一点的，甚至不知道是鸡蛋，这就如交响乐中虽有多种乐器同时演奏，但奏出来的声音却是统一的。又如唱京戏，胡琴的声音必须把唱的声音包着才行，若是唱归唱，拉归拉的，那还算什么艺术。"中国烹饪讲究调和之美，这是中国烹饪艺术的精要之处。菜点的形和色是外在的东西，而味却是内在的东西，重内在而不刻意修饰外表，重菜肴的味而不过分展露菜肴的形和色，这正是中国美性饮食观的最重要的表现。中国烹饪是从个体到整体的转变，体现着中国文化中"分久必合"、"天

糯米蒸肉

人合一"的哲学思想。这与西菜由个体到个体那种体现西方文化的"自我形象"、"自我实现"、"自我选择"的"独"的意识，形成了鲜明的对照。

中国菜的制作方法是调和鼎鼐，最终是要调和出一种美好的滋味。这一切讲究的就是分寸，就是整体的配合。它包含了中国哲学丰富的辩证法思想，一切以菜的味的美好、谐调为度，度以内的千变万化就决定了中国菜的丰富和富于变化，决定了中国菜的菜系的特点乃至每位厨师的特点。盐放多少，不同作料偏重的程度，两种以上菜料的搭配等等，都有一个"度"的因素。还有火候，火候不到则生，才一过火就老，这不可能有硬性的时间标准，只能凭经验掌握。因此，火候是烹调中最重要的事，同时也是最难说明

的事。真所谓"道可道，非常道"，这种模糊性正是中国哲学的一大特点。

🏵 5 民以食为天

中国人过去见面，首先问"你吃了吗"，可见饮食在中国人心目中的位置。国际上流传一句俗语："花园楼房，日本老婆，中国菜。"有一位法国营养学家说过："一个民族的命运是看他吃什么和怎么吃。"中华民族饮食文化的悠久历史、艺术魅力和文化意蕴，再一次证明了我国人民所创造的高度文明。音乐、舞蹈源于得食之乐和果腹之喜；酒类的制造，萌发了古代化学；至于古代医学、哲学、文学、礼仪等等，无不伴随人类的饮食活动而产生和发展。一个民族吃什么，怎么吃，决定了这个民族文化发展的走向。

葡萄酒

饮食可以反映性格、感情，如四川人嗜辣，则四川姑娘性格刚烈。口味的偏好可以看出个人的性格，而性格又影响到情感的表达。食物最能忠实反映一个人的性格。饮食爱好是骗不了人的，不像人们在腋下夹一本书就可以装风雅。在改革开放初期，邓小平同志在南方画了一个圈，搞经济特区，他为什么去广东省画一个圈呢？为什么不画到别的地方？中国有一句俗语叫："大连人什么衣服都敢穿，北京人什么屁都敢放，广东人什么东西都敢吃！"一般来说，中国人比较保守，但在吃的方面，中国人又是最开放的，而最最开放的是广东人。一个地方的人什么东西都敢吃，什么事情不敢干？小平同志能够意识到这一点，是非常伟大的。一个地方的人什么东西都敢吃，什么事情也都敢干，这是很了不起的性格。比如吃一个苹果吃到一半，什么最可怕？看到剩下半只虫子在苹果里，要是广东人，把另外一半也吃掉！这是广东人能够把经济特区搞成功的重要原因之一。

中国一些体育项目成绩的好坏，也与吃"草"有密切关系。男子足球的表现，一直令国人大失所望；中国的拳击和篮球项目在世界上也是弱项。并不是这些项目的运动员不刻苦，不爱国，而是中国人的民族性格使然。这些项目的双方运动员身体相互碰撞，吃"草"民族的运动员在吃肉民族的运动员面前，显然处于劣势。中国人委实不善于正面对抗和冲突。相反，乒乓球运动一直是我国传统优势项目，为我国争得了不少荣誉。因为打乒乓球是你来我往的运动，而非身体直接对抗。中国人吃的是"草"，饮食的器具——筷子也由植物制作而成。中国人拿筷子的手法与乒乓球直拍运动员握拍的手法是一致的，西方人由于不会使用筷子，乒乓球运动员自然也不会使用直拍。中国一些超一流乒乓球选手都是直拍，如刘国梁、马琳、王皓等。西方乒乓球运动员使用的都是横拍，握法与他们用餐握刀叉的手法一致。而握刀叉与握菜刀、锄头无异，中国人同样擅长。这就决定了中国人打乒乓球有直拍和横拍两种打法，而西方人只有横拍一种打法，一种打法怎能战胜两种打法呢？

自古以来，中国社会从总体上来说能够长治久安，人与人、家庭与家庭之间能够和睦相处，这与我国的饮食和餐桌文化是分不开的。在餐桌上，大家互相谦让，相互敬酒，相互劝菜，人与

筵席

人之间的关系越来越融洽，即便有矛盾，也在酒菜中化解了。用餐圆桌的格局，大家团团围住，共享一席，客观上造成聊欢共享的气氛，人和人之间的距离就越来越近了。

6 各地风味小吃

中国地大物博，气候温度、地理风貌大相径庭，各地方根据自己地区的特点形成了风味迥然不同的饮食习惯。风味小吃即是各地大众口味的典型代表。尤其是旅游业发展之后，游客每到一处除了游览风光之外，最关注的可能就是当地的风味小吃。因此某种程度上说，小吃还是某地有无旅游价值的重要评价条件。

十八街麻花是与天津狗不理包子、耳朵眼炸糕并称的"天津三绝"食品之一。十八街麻花也叫桂发祥大麻花。20世纪30年代由范桂才和范桂林兄弟开设的"桂发祥"和"桂发成"麻花店位于天津大沽南路的十八街上，所以得名十八街麻花。此兄弟二人经过反复探索，炸出的麻花酥脆香甜与众不同，尤其是创造出了什锦夹馅麻花酥脆香甜，每个麻花中都夹有一根由桃仁、青梅、桂花等十几种小料配制成的什锦馅酥条，再和麻条、白条拧成五个花，用花生油微火炸透，出锅后放上冰糖和青红丝，风味独特，且久存不绝，春秋季可存放三个月，夏季也可存放两个月，令人叫绝。

天津十八街麻花文化馆展出的一根长1.7米、重50公斤的什锦麻花。 新华社发（王鲲 摄）

刀削面与抻面、拨鱼儿、刀拨面并称为山西四大面食，是山西人日常最为喜爱的面食之一，它同北京炸酱面、山东伊府面、武汉热干面、四川担担面，同称为五大面食名品，享有盛誉。

据说刀削面和汉族反对元朝统治者有关。元朝建立后，为防止汉人造反起义，统治者将每家所有的金属全部没收，并规定十户用厨刀一把，切菜做饭轮流使用，用后再交回保管。一位老汉去取刀时发现刀已经被取走，失望之余回家让老婆把面团放在一块木板上，左手端起，右手持铁片，站在开水锅边"砍"面，一片片面片落入锅内，煮熟后捞到碗里，浇上卤汁全家共享，结果味道比平时吃的面条味道还好。明朝建立后，这种"砍面"流传于社会小摊小贩之间，后经过多次改革，演变成现在的刀削面。

刀削面传统的操作方法是一手托面，一手拿刀，直接削到开水锅里。行家总结的制作刀削面技术要诀是："刀不离面，面不离刀，胳膊直硬手端平，手眼一条线，一棱赶一棱，平刀时扁条，弯刀是三棱。"削出的面柔中有硬，软中有韧，浇卤、或炒或凉拌，风味独特。

"三千万秦人齐吼秦腔，一碗羊肉泡馍喜气洋洋"是对陕西人的生动写照，羊肉泡馍是陕西风味小吃，尤以西安最享盛名，是西安最有特色最有影响的食品。它在西安广受欢迎并不只是因为它的味美，还主要是因为它和西安的许多特色小吃一样，在街上随处可见，而且价格公道，是一种全民食品。不管身份高低贵贱，只要想吃，就能吃得起。

羊肉泡馍料重味醇，肉香汤浓，香气四溢，食后余味无穷，又有暖胃功能。其制作方法是：先将优质的牛羊肉洗切干净，加葱、姜、花椒、八角、茴香、桂皮等作料煮烂，汤汁备用。馍，是一种白面烤饼，吃时将其掰碎成黄豆般大小放入碗内，然后交厨师在碗里放一定量的熟肉、原汤，并配以葱末、白菜丝、料酒、粉丝、盐、味精等调料，单勺制作而成。牛羊肉泡馍的吃法也很独特：有羊肉烩汤，即顾客自吃自泡；也有干泡的，即将汤汁完全渗入馍内，吃完馍、肉，碗里的汤也被喝完了；还有一种吃法叫

"水围城"，即宽汤大煮，把煮熟的馍、肉放在碗中心，四周围以汤汁。这样清汤味鲜，肉烂且香，馍韧入味。吃羊肉泡馍时讲究蚕食，切忌搅动，以保持鲜味和元气。如果再佐以辣酱、糖蒜，别有一番风味，更是一种难得的滋补佳品。

江苏鸭血粉丝汤有南京和镇江两地之争，镇江人认为自己的鸭血粉丝汤最正宗，南京人认为自己的鸭血粉丝汤最好喝。但是不论这鸭血粉丝汤源于哪里，它的市场现状都堪称风靡。

镇江鸭血粉丝汤粉丝润滑，鸭血鲜嫩，口味既鲜且香，几元钱一碗可谓物美价廉，广受人民群众的喜爱。所以在镇江，一年四季无论你是过大街还是穿小巷，都能遇到鸭血粉丝店，这些鸭血粉丝店有些有门面的，有些就是一小摊儿，而相同的是生意火爆，香味四溢。

镇江人认为鸭血粉丝汤是镇江朝阳楼大兴池浴池附近一家小吃摊在1988年发明的，当时用的是鹅血而不是鸭血，叫鸭血是因为叫的顺口，所以现在镇江的鸭血粉丝汤也多是鹅血。南京人喜欢吃鸭子，所以鸭血粉丝汤是用粉丝、鸭血、鸭肝、鸭肠配以老鸭汤烧制而成，小小一碗鸭血粉丝汤，却把鸭的美味包含其中。鸭血粉丝汤制作也十分简单方便，只需将粉丝盛在小竹篓中，放入煮沸的鸭血汤中烫熟后，将粉丝和鸭血汤倒入碗中，再放入鸭肠、鸭肝、葱花、香菜和调味料等即可。

三鲜豆皮是武汉人早餐的主要食品之一，也是武汉民间极具特色的传统小吃。其形方而薄，色泽金黄透亮，鲜艳夺目，皮薄软润爽口，含有虾、菇、肉，味香而醉，最初是武汉人逢年过节时特制的节日佳肴，后来成为寻常早点。

白族乳扇

三鲜豆皮的"豆"必须是脱壳

绿豆；豆皮的"皮"必须是精制米浆；豆皮的馅，必须是湘产糯米；豆皮的三鲜必须是鲜肉、鲜菇和鲜笋；豆皮的形，必须是方而薄；豆皮的色，必须是金而黄；豆皮的味，必须是香而醉。兼具色、香、味、形的三鲜豆皮曾一举夺得过中国饮食行业的最高荣誉"金鼎奖"。

1958年，毛泽东在品尝了"三鲜豆皮"后说："豆皮是湖北的风味，要保持下去"，"你们为湖北创造了名小吃，人民感谢你们。"后来刘少奇、周恩来、朱德、邓小平、董必武、李先念及外国元首金日成、西哈努克等都曾先后到制作三鲜豆皮最著名的"老通城"享此美味。

担担面是全国著名面食之一，是四川的独特风味小吃，因最初是挑着担子沿街叫卖而得名。担担面最初是自贡市一位名叫陈包包的小贩挑着担子呿喝叫卖的一种面食，始创于1841年。

制作担担面最标准的面担是用硬木制作的，担的一头是"操作台"兼"贮藏室"，放有面条、抄手皮、肉馅、蔬菜及各式调料；另一头是"灶披间"、小风箱，可现场煮面。用红油、花椒、咸酱油、麻油、芽菜末、葱花、蒜泥、味精、醋等做调料，加上碎肉，十分可口。担担面的特点是面细无汤，麻辣味鲜。川味面食中有名的"素面"、"素椒炸酱面"、"清汤炸酱面"、"红汤面"、"酸辣面"、"清红汤抄手"都可以在这副面担上做出来。担担面现做现吃，汤沸面滑，调料齐全，经济方便。

担担面以成都的最为地道。过去，成都走街串巷的担担面，用一种铜锅隔两格，一格煮面，一格炖鸡或炖蹄膀。现在重庆、成都、自贡等地的担担面，多数已改为店铺经营，但依旧保持原有特色。

有人说豆汁是北京老旗人的吃食，其实喜欢喝豆汁的并不局限于民族，也不在乎贫富。旧时，有穿戴体统者，如果坐在摊上吃灌肠会被人耻笑，但在摊上喝豆汁则不足为耻。卖豆汁的一般是从粉房将生豆汁趸来，挑到庙上，就地熬熟。前边设个长条案，上摆四个大玻璃罩子，一个放辣咸菜；一个放萝卜干；一个放芝麻酱烧饼、"马蹄"（此系另一种形式的烧饼，状如马蹄，故名，有椒盐马蹄、两层皮的水马蹄之分）；一个放"小焦圈"的油炸果。案上铺着雪白桌布，挂着蓝布围子，上面扎有用白布剪成的图案，标出"×记豆汁"字样。夏天还要支上布棚，以遮

老北京爆肚

烈日。经营者通常为一两人，不停地向游人喊道："请吧，您哪！热烧饼、热果子，里边有座儿哪！"以前庙会上郗德拉的豆汁名气最大，凡吃过的人都夸他的豆汁漂得净，发得好，味道最醇厚，所配卖的焦圈油果和芝麻烧饼也胜于其他商贩。[1] 现如今北京人仍对这豆汁不离不弃，据统计 2007 年北京地坛庙会的豆汁和焦圈等老北京小吃摊的人气也格外兴旺，仅摊位的租金就达 6 万元。

1　赵兴华 . 老北京庙会 [M]. 北京：中国城市出版社，1999：46.

三、服饰民俗

早在先秦时期，就出现了服饰一词。《周礼·春官》云："辨其名物，与其用事，设其服饰。"服饰一词的意义与后世基本一致。服饰由服和饰两部分组成，服包括衣、裤、裙、鞋、帽；饰指首饰、脚饰和腰饰，主要是配合服，起到装饰人体的作用。服饰的种类繁多，首饰就有钗、簪、胜、梳、夹、耳环、耳坠、项链和项圈等不同样式。服饰是一个民族最为显耀的身份标识，"凤凰装"、"银装"、"珠衣"、"旗袍"、"藏袍"、"蒙古袍"、"鱼皮衣"就分别是畲族、苗族、高山族、满族、藏族、蒙古族和赫哲族的身份符号。

1 衣冠之邦

中国一向被誉为"衣冠之邦"，整套繁缛庞杂的章服制度已经流传了数千年。商代以前没有文字记载，从甲骨文和商代青铜人像等文物中可以看到当时已经初步出现一些服饰等级。我们已经可以从服饰上区分诸如大奴隶主及其亲属、臣妾和侍臣、人质、奴隶等多种不同身份。区分身份等级的方式，除服装样式外，还有衣料的质地、色泽和花纹，例如有一种皮制的装饰物，上面涂绘有花纹（兽头纹等），悬挂于腹前，可以做权威的象征。

章服制度形成于周代，周代关于当时服饰的直接记载见于《礼记》《周礼》《仪礼》，此外，青铜器铭文中也有零星资料，根据上述资料，周代男子服式已有冕服、弁服、元端、深衣、袍、裘等。根据使用场合的不同，又可分为礼服（祭祀之服）、朝服、田猎服、凶服和兵服。周代的章服制度，被一直沿用到清末，中间虽经历代统治者增删改易，但基本形式和精神是一脉相传的。

有人说，汉文化就是楚文化，楚汉不分。在服饰文化领域，汉代的确保持了南楚故地的乡土本色。楚地服装样式多趋纤长，纹饰精美，色彩艳丽，材料细薄，后人称

人物龙凤图 战国时期的深衣

之为楚衣。楚衣之美，用丝绸制作特别能充分表达，湖北江陵马山一号战国楚墓出土了大量服饰，其中有袍、衣、裳、帽和履。这些服饰除履用麻外，其余都是丝织品所制。汉代服饰出土最多的是湖南长沙马王堆西汉一号墓。其中有袍、裙、手套、袜子和鞋。马王堆出土的袍虽然较江陵更加复杂，但纹饰风格颇为相似，服饰纹样以凤鸟为多。这反映了远古楚人以凤鸟为图腾的文化之源。汉代服饰中有一种"假袖"，即袖端再加一长段袖口，类似后世戏曲中的水袖，这种"假袖"，也是源于楚文化。

历史上所谓魏晋风度，从广义上讲，是指一种无为无不为的时代精神。谈到魏晋风度，人们总要联系到门阀士族在诗歌、音乐和书法上的造诣以至论道谈玄、炼丹服药和饮酒任气的风气，而常常忽视了当时流行的服装形制及其风格。

仕女图

魏晋士人流行宽衫大袖，样式简朴，省略了秦汉袍服上的繁复装饰，头上戴巾子，或梳辫子，较少用帽。服装色彩则崇尚素雅，贬斥俗丽，连喜庆婚礼也常用白色的丝织物，穿着形式也不拘一格，或披而不穿，或敞领袒胸；喜赤足，甚至散发裸身——用刘伶的话说，这叫"以天地为栋宇，屋室为衣裙"。这种服饰完全违背了汉代儒教统治下的礼教规定，却又充分表现和衬出穿着者潇洒脱俗的气质和品格。

唐代的服装以胡服为典型，

这种胡服主要流行于初唐至盛唐，典型形式是头戴锦绣浑脱帽，身穿翻领窄袖袍和条纹小口裤，脚蹬透空软绵靴。这种服装，主要是受了西域诸国（今新疆一带）和波斯、印度等的影响。胡服的特点是装束紧贴合身，人体的袒露较多，风格奔放，不拘一格，表现了对有血有肉的人间现实的肯定和感受。中唐以后，社会风气改变，浅斟低唱，车马宴游日盛，取代了兵车弓刀的边塞生涯，流行服式也随之改变，由窄袖紧身变为宽衣博带，大袖长袍，胡服因之逐渐减少。

中国古代在纺织品服饰上运用种种加金技术大约始之于战国，汉代以后进一步发展，唐宋时期织金技术已日臻成熟，但织金锦缎广泛用于服饰是在元代，唐宋服饰图案以色彩综合为主的艺术风格，至元代变为用金银线来做主体表现。这种现象的产生，一方面与北方少数民族的艺术欣赏习惯、服饰爱好和生活在广漠环境有关，一方面也是因为这些民族通过战争获得大量黄金，可以在服饰、宫室诸方面大肆挥霍。

捣练图

满族服饰是清代三百年间的主流，男子礼服以袍褂为主。长袍多开衩，官吏士庶左右开两衩，皇族宗室前后左右开四小衩，后期品位较高的官员也用四衩袍。不开衩的袍称"一裹圆"，用做便服或平民服装，满族妇女以修长为美，袍衫因之流行瘦窄，并上梳高耸的旗髻，下着花盆底的高底鞋，使穿者显得亭亭玉立。

2 中山装与旗袍

中山装

在辛亥革命以后的相当长的时间里，男子的服装，西装、中山装占据了主要地位。不仅官员、知识分子喜欢穿，其他阶层的人也照样穿；城市是如此，一些远离都市的偏僻县乡也是如此。如东北呼兰县"服西服，履革履者亦日多"。四川新繁县，民国后"服公务者，多用西装、短制中山服"(《新繁县志》，民国36年铅印本)。河北怀安县，"在城一方，平时常服线呢、洋布，衣制亦较多乡村时样。……惟在外游学诸生，交际既广，接触亦多，所着服装较为特异。男有洋装革履，女多剪发旗袍。萍水相逢，俨然津海人焉。"(《怀安县志》，民国23年铅印本)至于上海、北京这样的大城市，穿西装的男子极多。西装是辛亥革命前后维新人士和革命党人的典型穿着，中山装是革命导师孙文先生改造英国式猎装所制，因为这两点，民国建立前后，人们把西装、中山装与维新、革命结合到了一起，"无如政界中人，互相效法，以为非此不能侧身新人物之列"。(《大公报》，1912年6月1日)

中山装是辛亥革命以后最常见的男子服式，它因孙中山提倡而得名。这种服装比西服宽大，上身上下左右各有一个口袋，领口可扣至颈下；下身是西式长裤，当时颇为流行。"洋布、洋伞、洋鞋、呢帽之类的洋货，在上层人物身上以及他们的屋里，一天天增多了"（《辛亥革命回忆录》（二），中华书局1967年版，第336页），就是一般民众，"其少有优裕者亦必备洋服数套，以示维新"（《大公报》，1912年6月1日）。商人们更利用人们的这种心理大做广告，各地经营西式服装及进口衣料的买卖大为兴隆。南京"绸缎铺，估衣店闭门贴招，盘外国细呢、西式新式，列肆相望，无论何店，皆高悬西式帽"，北京的西服庄通过做西式大氅和西式冬帽发了财，"年来北京人士需用大氅之数，比之以往，可加及数倍。需用既多，故供给者众"（胡朴安：《中华全国风俗志》下篇卷1"京兆"，上海书局影印本，1986年，第35页）。至于学生，除了规定的学生服外，更是带头在服饰上洋化，民国时期的知识分子则流行穿长袍。

需要指出的是，传统的中式服装，上穿中式领的衫袄，下着宽大的裤子，仍然是汉族人最基本的服装样式。男子的中式上装是对襟的，女子的中式上装有斜襟和对襟两种，这类传统的中式服装不仅在样式和色彩上男女各异，而且在各个时期也有种种的变化，这种变化主要集中在领、袖、肩、襟、裤脚、口袋、扣子部分以及上衣和裤子的肥瘦长短上，鲁迅在小说《孔乙己》中生动地描写了咸亨酒店中"短衣帮"

着中山装的毛泽东

酒店的形象。"短衣帮"三个字准确地说明了中式短衣是旧时劳动人民的日常装束，与"短衣"相对的"长衫"自然也是1949年以前人们社会地位的一个标志。长衫、马褂或马甲通常是上层人士和知识分子阶层的装束。尽管从 20 世纪 20 年代开始，上海、北京等大都市已经以穿西服、旗袍为时髦，但从数量上看，当时仍是以穿着各式长衫或短衣的人为多。

旗 袍

从 20 世纪 20 年代开始，中国开始流行表面上模仿传统，实质上吸收西方服装优点的女服——旗袍。旗袍原是满族妇女的服装，其特点是宽大、平直、下长至足，材料多用绸缎，衣上绣满花纹，领、袖、襟、裾等都滚有宽阔的花边。起初，其样式与清代旗服没有多大差别，但不久在受欧美服装影响以后，就有了明显的改变，主要表现在长度缩短了，腰身收紧了，袖口窄小了。20 世纪 30 年代中期，旗袍在衣长、袖长、衩长上不断翻花样，致使这种服装一时衣长及地，连鞋子都看不见，一时又缩短至膝盖处，使整个小腿都裸露在外面；一时行长衩，一时兴短衩。不过，袖口却是越缩越短，由肘上缩到上臂半露，再缩到肩下二三寸；同时，腰身越来越窄，有的窄到要吸了气才能扣上纽扣。那时期的旗袍，季有新款，强调三围，即胸围、腰围、臀围，趋向狭窄、紧绷，将人体曲线、凹凸、暴露与刻画得淋漓尽致。

如今，中国的旗袍绝对是时尚玉女的首选之物。现代的旗袍虽秉承了近代旗袍的基础风格，但款式、面料、图案都有了很大的变化，更能体现出女性高挑细长，平肩窄臀的身材，同时还有融入了欧洲晚礼服风格的国际旗袍。时装中重新出现的旗袍，甚至还被作为一种有中国民族代表意义的正式礼服出现在各种国际社交礼仪场合。

3 人生礼仪的换装

中国传统的人生礼仪，把换装当作一种重要的人生阶段。在这些礼仪中，最重要的是诞生礼、成年礼、婚礼和丧礼。四次重大礼仪场合伴随四次换装仪式，每次换装都以不同的方式，标志了个人与社会相融合的含义。

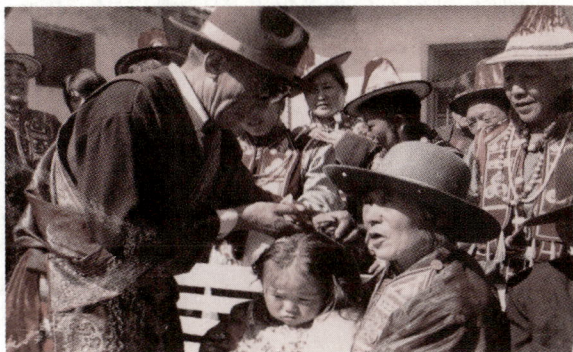

裕固族小孩行剪发礼

诞生礼的换装，由家长给幼儿挂上银圈玉锁之类的饰物，表示把幼儿的魂魄锁在体内，从此长命无恙。成年礼的换装，标志个人经过家族和社会的认可，步入成年阶段。传统汉族男子的成年礼叫"加冠"，也称冠礼。冠就是穿礼服时戴的一种帽子。首先有加缁布冠，其次加皮弁，最后加爵弁。加冠之后，方可用字、号。女子的成年礼叫"加笄"。笄是用来束发的簪子。女子从此换发做结，表示成熟，要拜祖先、父母，还要由父母教导侍奉舅姑尊长之礼。婚礼的主要功能是建立夫妻关系，繁衍后代，延续家族。我国婚礼喜用红色，红色是血的颜色，代表性能力和血亲生命的世代传递。婚礼上新娘一律着红装，新房内外几乎全部用红色装饰渲染喜庆。丧礼中最能传达中国人敬祖收宗观念的是丧服。丧服的种类体现了一套严格的区分亲疏贵贱关系的丧葬等级制度。我国古代的丧服称为"五服"，指斩衰、齐衰、大功、小功、缌麻五种服制。斩衰，因不许缝边的粗麻布丧服而得名，由儿子为父母服孝，妻子为丈夫服孝，未出嫁的女儿为父母服丧时穿戴，服期三年。齐衰，用粗生麻布制作，剪断处缉边儿，此丧服为祖父母服孝一年，为曾祖父母服孝五个月，为高祖父母服孝三个月。大功，以大功布做丧服；小功，所做孝服比大功布的丝缕稍细；缌麻，在丧服中分量最轻。大功、小功和缌麻三种孝服的服丧对象，比前面两种的关系疏远一些，穿丧服的时间也比较短。五服丧制，以麻布的粗细来标志家庭成员的地位，强化了丧葬仪礼的伦理意识。在长期的封建社会里，五服制维系着九族制的家庭体制，强有力地控制着封建社会的社会基础。

换装后的新娘

到了近代，成年礼逐渐和婚礼融合，汉族男女（特别是女子）婚前和婚后的打扮有着明显的区别，一般来说，未婚的姑娘梳一条或两条大辫子，婚后则用发簪将头发在脑后绾成髻。不仅是汉族，其他民族也都有换装的习俗。处于不同年龄阶段的人，在服装的款式、颜色和装饰品上有着明显的差异，我们仅从穿戴上，就能大致判断出他们所处的年龄阶段和婚姻状况。譬如，瑶族女子的年龄，基本上标在了她们的头饰上。瑶族女孩戴小花帽，十五六岁开始摘帽戴包头帕，并要在农闲季节举行包头帕仪式。包帕时由年龄大并已包帕的大姑娘为小姑娘包。在瑶族的观念中，姑娘一旦包帕，便意味着可以寻偶和进行自由社交。所以包头帕仪式是成人的象征。

4 服饰穿戴的规矩

一个民族的服饰，是民族风俗习惯的一个最为直观的方面，是民族文化艺术的一个重要组成部分。在服饰方面，不同的民族文化圈有着不同的规矩规约，这些规矩一般都以某种信仰为根据。汉族民间关于服饰的规矩主要体现于服饰的颜色、款式、穿戴及放置等几方面。

中国传统服饰有四季之分。北方天气温差大，常以单、夹、棉、皮相区别，不按季节穿戴，也是冒犯规矩，就会在民俗风尚上受到种种压力，或预示着某种变故：如六月穿棉袄，不是生病，便是家道中衰，经济拮据，而旁人也会以冷眼相视。传说古代有一个叫披裘公的人背柴在道上，有一书生出游，见路上有失落的钱，就对他说："你把钱拾回去吧。"披裘公把柴镰一扬，怒目道："你就这样以为自己高贵，看别人卑贱。我五月披皮袄背柴火，难道是个拾钱人吗！"可见服饰不合时令，不守规矩，旁人要生疑窦，自己也难于承受来自周围的精神压力的。

汉族对颜色的区分好恶从来就不着重于审美角度，而是赋予其以明确的象征意义。按照正统礼教的观念，属于不同社会等级的人应该穿不同颜色的衣服，同一个人在不同场合服色亦应有别。由此确立起来的一套有关穿戴的规矩，就是所谓"礼服"制。在汉武帝时已有关于服色的禁令。汉成帝永始四年(公元前13年)发布了一道整顿风俗的诏令，其中有"青、绿民所常服，且勿止"，颜师古注："然则禁红、紫之属。"也就是说，当时的老百姓已常穿青、绿而禁服红、紫了。

受上层"礼服"制的影响，汉族民间以黄色为贵色，而以白、黑色等为凶色。《礼记·曲礼》云："为人子者，父母存，冠衣不纯素。"父母在时子女忌穿白衣，忌戴白帽，这是因为丧服是纯素的，《礼记·郊特牲》云："素服，以送终也。"现在民间，举办丧事，都戴黑纱，或穿白色孝服，佩戴白纸花等。在魏晋南北朝以

康熙皇帝朝服像

及隋唐时代，忌素服的习俗曾一度中断。那时从皇帝到民间，平时都有穿白衣戴白帽的。只是在喜庆之月，如婚年寿节才忌白、尚红。大约到了宋朝，厌白尚彩的风习又普遍流行于民间了。宋高宗时，因杭州夏季炎热，士大夫都流行穿白色凉衫。"凉衫其制如紫衫，亦曰白衫。乾道初礼部侍郎工严奏：'窃见近日士大夫皆服凉衫，甚非美观。而以交际居官，临民纯素，可憎有似凶服。'……于是禁服白衫。……自后凉衫只用为凶服矣。"（《宋史·舆服志》）宋朝以后，民间服饰忌白和以白色为凶色就成为官方制度确定下来了。

白衣之外，除了小儿妇人，也忌紫色外衣，因为紫衣是下吏皂隶所服之色。据《清史稿·舆服志》，官员也只有佩紫绶，而服色均无紫色的规定。紫色是贱色，所以连民间也忌讳穿紫，紫色衣服的忌讳带有政治的即等级观念的内容，不像忌讳白色那样主要是民俗的性质。

民间还有男子不戴绿头巾、绿帽子的习俗。元、明、清时只有妓、优伶等"贱业"中人才以绿色为服色。唐人李封做延陵（今江苏丹阳一带）县令时，下级有罪便叫裹上青绿色头巾以示处分。于是，江南一带对戴青绿色头巾就以为奇耻大辱。元、明时，又规定娼家男子戴绿头巾。据《中国娼妓史》云："后代（元以后）人以龟头为绿色，遂目着绿头巾为龟头。乐户妻女大半为妓，故又叫开设妓院以妻女卖淫的人为龟，或叫乌龟。又以官妓皆籍隶教坊，后人又呼妻女卖淫的人为戴绿头巾，或叫戴绿帽子。"明代也有此说，并且从制度上加以规定。通常人都忌讳穿着青衣、绿衣，唯恐自己与贱业、贱民同路，沾上"不洁"、"污秽"之习气。

在穿戴上，旧时汉族忌反穿衣，因为丧礼中接舅家时的桌布反结，同时，寿衣给死者穿之前由孝男反穿，之后才脱下正穿在死者身上。河南沁阳一带有"反穿罗裙，另嫁男人"的说法。孀妇改嫁时才反穿罗裙，若平时女人反穿罗裙，自然是不吉祥的，所以忌讳。旧时，有人死后反戴帽子的习俗。据熊伯龙《无何集》云："毋反悬冠，为似死人服。"可见反悬冠也是凶相，所以禁忌之。忌衣服晾干后未折好就直接穿着，否则，人会变成"竹篙鬼"。忌衣服穿在身上缝补或钉扣子，否则被误认为是小偷。浙江南方农村，男人忌穿女人的鞋，穿了女人的鞋会被鬼嬉笑，走路伤脚指头；忌用拾到的帽子，戴了有坏运。

❖ 5 民族身份的标识

民谣说："苗族住山头，瑶族住箐头，傣族住水头，汉族住街头……"住在不同地方的人，看天穿衣，择地（物产）做服。人们的服饰，依天象地势之变而千变万化，形成与自然同构的审美风范。雪域雄奇，康巴汉子袍长袖

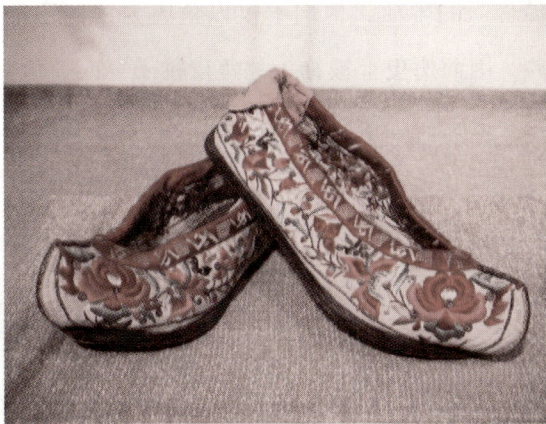
民国时期白族勾尖绣花女鞋

广，动则走尘运风，静则浑厚沉雄；水乡秀丽，傣家少女袖衫薄，清新灵动，举手投足，皆如行云流水；西北高原"胡服"矫健，一披一挂掩去大漠风沙；东南海滨"夷装"神奇，丝丝缕缕尽藏热带雨林的秘密……这既是有关民族服饰艺术的美学描述，也是"自然之子"受于自然的直观写照。"立体"地分布在中华广阔大地不同高山大漠、草原河谷或滨海平原里的不同民族，衣服的质地、样式、图案、色彩等，差异很大，正是对中国差异极大的海拔、地理、天象、物产等"自然规定"做能动适应的结果。人们观象制物，因地取材，创造了形式和风格都丰富得令人惊叹的服饰艺术。

侗族宽臂镯

在黑龙江省松花江下游肥沃的三江平原（松花江、黑龙江、乌苏里江）和完达山一带，生活着我国一个仅有4000多人口的民族——赫哲族。三江沃野，山水纵横，这里有驰名中外的特产——蝗鱼、蛙鱼、三花五罗、貂皮、麝鼠……自古以来，就是富饶的天然渔场和逐猎之地。勤劳的赫哲人世世代代过着"夏捕鱼作粮，冬捕貂易货"的生活，他们不仅以鱼肉为食，还是我国唯一一个以鱼皮为衣的民族，因而历史上被称为"鱼皮鞑子"或"鱼皮部"。

鱼皮衣，赫哲语为"乌提库"，是赫哲族人以前的常服。过去的鱼皮衣主要用鲑鱼（大马哈鱼）的皮制作，但是鲑鱼逐渐稀少后，胖头鱼、大鲢鱼的皮也可以用来制作鱼皮衣。鱼皮衣的制作，分为熟皮、染色、剪裁、缝制、绣花等步骤，其中熟皮是最重要的环节。熟皮也就是将生鱼皮加工成柔软如布的制衣材料的过程。之后，就是要将鱼皮衣料拼接成大块的衣料，再剪裁成衣片，用胖头鱼皮做成的鱼线缝缀起来，再缝上鱼骨扣子，鱼皮衣就基本成形了。心灵手巧的赫哲妇女还会在衣襟、袖口、摆边等处绣上图案，或者用皮条、彩色布料滚边。有的还用海贝壳或小琉璃球装饰衣服的下摆。这样制作出来的鱼皮衣，不仅美观大方，而且耐磨、抗湿、保暖，非常适合渔业民族的水上作业。

傈僳族姑娘服饰

除了制作成套的衣裤，赫哲人平时还喜欢戴鱼皮帽，穿鱼皮套裤和鱼皮靰鞡。鱼皮套裤套在腿上，下水捕鱼也不怕浸湿衣裤。鱼皮靰鞡不仅不怕湿水，走在冰上还不打滑，是赫哲人冬天必备的鞋具。

"有大有小，农民之宝。脸多皱纹，耳朵不少。放下不动，穿上就跑。"这个谜语的谜底就是东北人过冬的宝贝——靰鞡。人参、貂皮、靰鞡草被誉为关东三宝。前两样东西就不用解释了，而靰鞡草则只有地地道道的关东人才能够明白它的宝贵之处。东北的冬季天寒地冻，但只要有了靰鞡鞋和靰鞡草，人们心里就有了底："这个冬天好过啦！"

靰鞡又写作"乌拉"、"兀剌"，是满语对皮靴称谓的音译，指的是一种东北人冬天穿的"土皮鞋"。这种鞋用全皮制成，里面絮上东北特有的靰鞡草，穿在脚上暖烘烘的，走在雪地上还不打滑，是东北山区人民冬天外出劳作必备之物。据说"靰鞡"这一名称还是乾隆皇帝钦赐的。传说乾隆帝巡视来到关东，看到老百姓的脚上裹一块打褶的牛皮，皇帝好奇地问："这是什么东西？"百姓回答说："这是冬天穿的棉鞋。"

赫哲族的鱼皮衣和鱼皮靰鞡

鞋还没有名字，皇帝感到很有意思，便想了想，产鞋地在乌拉街一带，乌拉街名气很大，又是皮革做的鞋，便赐名为"靰鞡"。

生活在云南东川一带的彝族和鹤庆彝族支系白依人的青年，格外垂青当地特有的火草领褂。这种火草褂子用野生勾苞大丁草属的叶子背面的白色绒状物纺织而成，古朴庄重，美丽大方，同时又因火草难求、制作工艺烦琐费时，因而显得弥足珍贵。东川一带的彝族小伙子以能穿上一件火草褂子走亲访友而感到自豪和光荣。

火草是生长在横断山脉山间的一种草本植物，每株小草有四片至五片尖矛状的叶子，草叶长仅10厘米左右，叶子的背面有一层黄白色的细毛，可

裕固族男子服饰

以撕下，形像绵纸，收下晒干后，用作火镰打火用的火绒，因此被称为火草。

火草领褂厚实缜密，穿在身上保暖透气，经久耐磨，颜色黄白，在阳光下有耀眼的光泽，而且越洗越白，雨水淋不进去，是一种冬暖夏凉的纯绿色服饰。火草衣男女皆穿，男子一般穿用四幅白色火草布缝制成的长襟衫，而妇女则喜欢将火草布染成彩色，缝制成长襟裙。

黄灿灿的大斗笠，艳丽的花头巾，曲线毕露的蓝色紧窄短上衣，宽大的黑色长裤上配一条银光闪闪的腰带，这就是闽南一群特殊的女性——惠安女。惠安县位于台湾海峡西岸、福建省东南沿海突出部，介于泉州湾与湄洲湾之间。闽南一带的城里人用"封建头、民主肚、节约衫、浪费裤"来描述她们独特的服装。

"封建头"指的是她们头上那顶黄灿灿的大斗笠和那块色彩艳丽的方形花头巾。由于海边风沙大，光照也十分强烈，为了保护娇嫩的皮肤不会被风沙和阳光摧毁，爱美的惠安女总是戴上大大的斗笠，用一块约66厘米的正方形头巾把头部遮得严严实实，只露出眼、鼻、口。如果风沙太大，方巾的结还可以扎在鼻子底下，只露出眼睛和鼻子。这种装扮冬天防风沙，夏日挡骄阳，人们很难看清她们的真面目，为她们增添了几许神秘色彩。"民主肚、节约衫"指的是她们看上去短得出奇的上衣。这种上衣根据个人身材剪裁，紧紧裹住上身，连袖管都紧绑着手臂，而衣长又连肚脐都不能盖住。远远看去，女性柔和的曲线尽收眼底。"浪费裤"指的是惠安女那条裤管特别宽的黑长裤。其实宽阔的裤管也是为了劳作，即使被海水汗水浸湿，也不会裹住双腿不能行走，在海风的吹拂下又能迅速干燥。

居住在今内蒙古呼伦贝尔盟扎兰屯地区的达斡尔族人，是英勇的契丹人的后裔，他们长期以来都以狩猎为生，身上的穿着也以野兽皮制品为主。达斡尔族最有特色的兽皮衣就是狍皮衣和狍子头皮帽。冬季穿的皮衣多取入秋后（野生动物绒毛长出后）或初冬的狍皮制作。春夏穿的衣服，则用春季（野生动物脱毛后，刚刚长出新短毛）的狍皮制作。鄂伦春族的服装也以袍式为主，主要有皮袍、皮袄、皮裤、皮套裤、皮靴、皮袜、皮手套、皮

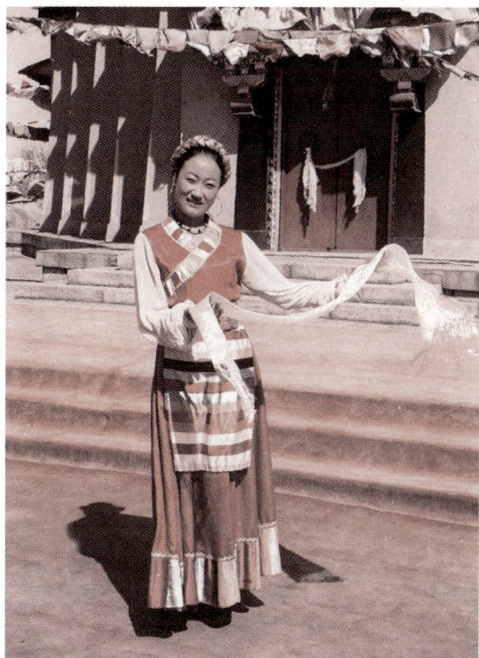

藏族女子服饰

坎肩、狍头皮帽等，最具特色的是狍头皮帽，而这种皮帽和达斡尔族的如出一辙，最初都是用来引诱野兽的。

我国先民很早就学会了纺织工艺，他们从植物中提炼出纤维，用纺织工具纺成布料，然后制作衣服和其他日用品。其实，在纺织技术发明之前，还存在过一种用天然树皮直接加工成衣物的工艺，那就是树皮衣。直到如今，在海南一些偏僻的黎村和云南西双版纳的哈尼村落中，仍然保留着这种树皮衣的加工技术。

树皮衣有两种制作方法：一种是纯粹的树皮衣，即将制作树皮衣的树皮从树上剥下来，经过敲打、浸泡、晒干等工序，缝成一块可以遮羞的树皮布；一种是将树皮的最外面的表皮去掉，取里层的树皮，经过一整套制作树皮布的工序后，巧妙地取其纤维，纺成线，织成衣服或被子。

随着经济的发展，树皮布渐渐远离人们的生活，只能在偏远的村落偶尔见到了。但是，在学者和媒体的努力下，树皮布逐渐得到越来越多人的关

朝鲜族新娘服饰

注。哈尼族已经出现了张树皮这样的制作树皮衣的民间艺术家。在一浪高过一浪的保护文化遗产的呼声中，这一濒临灭绝的民间工艺正重放光彩。

除了树皮衣，在中国古代，还出现过很多用纯粹的自然材料制作的衣物，如土家族、傣族祭祀时出现的稻草衣，在中央民族大学博物馆和北京服装学院的民族服饰博物馆里，还分别展出着一件奇特的竹节编制的汗衫。那是清代汉族的衣物，用细细的竹子编成，有着很大的空隙，看起来很像现代的透视装。而生活在海边的一些民族，则会用海边美丽的贝壳编织成衣物穿在身上。

四、居住民俗

　　中国地域辽阔，各地自然环境不同，风俗文化各异，人们在长期生活实践中因地制宜，就地取材，发明了各种具有明显地方特色的民居形式。在蒙古大漠，适应牧民逐水草而居的生活特性，人们创造了移动的房子——蒙古包；在西北黄土高原地区，天气寒冷干燥，沙尘飞扬，人们利用山洞、黄土坡就势挖掘穴洞，创造了穴居的建筑——窑洞；在湘西地区，地气潮湿，草木繁茂，人们在树上架设木棚，创造了巢居的楼宇——吊脚楼；在闽西地区，山岭险峻，客家人聚族而居，创造了大型的宗族式庭院——土楼等等。这些民居建筑不仅是人们休息、生活的场所，精神寄寓之地，也是地方民俗文化的载体，折射出当地人们的共同心理与文化追求。

1 穴居与巢居

中国古代民居沿着两条路线发展起来：一是"穴"居。考古发现太古之民如山顶洞人以天然的洞穴为居，洞内长 12 米，宽 9 米，可容几十人居住。洞分前后二室。前室在洞口处，为公共住宅，后室在洞的深处，是公共墓地。随着农耕的萌发，家禽家畜饲养的出现，人们为获取更多生活资料，或是仿照天然洞穴的样子，依高丘挖洞，扩大居住的天地，如黄土高原的窑洞。或是从平地向下挖坑，坑面搭以茅草以避风雨，并在实践中进一步发展，在坑中及周围立柱，再覆盖茅草避风雨，呈半居穴样式。西安 6000 余年前原始社会半坡村遗址的民居结构便是这样的。每座房都是圆形的半坑式、半居穴的样式。群居的周围，还有很深的壕沟，像后世的护城河。

半居穴，已用了柱子，为后来的宫室奠定了基础。《易经·系下》云："上古穴居而野处，后世圣人易之以宫室，上栋下宇，似待风雨，盖取诸大壮。"1984 年，5000 年前的近似殿堂式房屋建筑在甘肃秦安县大地湾发现，据考察，遗址原是一个大房间结构，其中"有主室、侧室、后室及门前附属建筑"。主室呈长方形，有五个大门。地坪光洁平整，分四层制作。其中一层竟是人造轻骨料制作的混凝土。是时，中国的民居已发展到相当的水平，尤其是会使用混凝土，真令人叹为奇迹。

中国民居的另一条发展路线是"巢居"。韩非子《五蠹篇》云："上古之世，人民少而禽兽众，人民不胜禽兽虫蛇，有圣人作，构木为巢，以避群害，而民悦之，使王天下，号曰有巢氏。"有巢氏为我何方生民，史家也难定论。但自从河姆渡 7000 年前的干栏式木构民居建筑的重见天日，我们

干栏式建筑

似乎觅到一点踪迹。有巢式的房屋建筑样式，大约是这种干栏式木房的前身。干栏式建筑在现今西南一些少数民族地区尚能看到。它是以木为主要构架，上下二层，干栏下层通风透光养牲畜或放杂物或闲空，上层为人居住处。傣族竹楼实际也一样，仅竹代木而已。蛇虫野兽若来侵扰，一般不易登上干栏式建筑的高处。这与有巢氏的"构木为巢"是一样的。由"巢居"发展而成的干栏式建筑，也是上栋下宇，栋作为屋的脊梁，宇为屋檐。

穴居与巢居是中国南北两大流域，两大文明中心，黄河文化源和长江文化源中因地理、气候、风土物产造成的两种居住样式。后因政治的一统，文化的交融，而统一成上栋下宇的基干的民居形式。北方的四合院，南方的堂屋也是这种交融影响的产物。

上栋下宇为基干的建筑结构的主要特点是主梁和屋檐——脊檩是最要紧的。盖新房，关键是上大梁，由大梁定局。民间盖房，上大梁都得大事祈愿庆贺。梁上挂吉祥物，唱上梁歌，放高升，抛馒头，喝上梁酒。其重要性在人们对人的评价中也可看出。凡核心人物，人们习惯称其为"挑大梁的"或"顶梁柱"。

2 风水宅基地

汉族作为一个定居农业民族，不仅注重房屋的居住功用，而且将住房与

"家"的兴衰命运紧密相连。每一个家族、家庭都希望自己能够发展壮大，光宗耀祖。为达到这一目的，人们便在住宅的建造上大做文章，设法选择有风水龙脉、神灵保佑的区域建房，而一些建房的地点、方位及房屋陈设，由于不符合"风水"、"相宅"观念就被列为禁忌。

建宅之前要选址。选择地址，俗谓"相地"，即对客观事物环境的取舍，可谓建筑的前提。

选择宅址有一个大的禁忌便是"太岁"。《论衡·难岁》对此有记述："移徙法曰：'徙抵太岁凶，负太岁亦凶。'抵太岁名曰岁下，负太岁名曰岁破，故皆凶也。假令太岁在子，天下之人皆不得南北徙，起宅嫁娶亦皆避之。"其实，早在《荀子·儒效》中就有关于"太岁"的记载："武王之诛纣也，行之日，以兵忌东南而迎太岁。"但太岁为何物，历来众说纷纭。总的看与岁星（即木星）关系密切。当时的堪舆家（占卜建筑吉凶之人）以为太岁为对应于天上岁星的地上凶神，可以根据岁星的位置推测地上太岁所在的方位，如在太岁方位兴工动土，便会掘到蠕动的球样的土块，建、徙宅者应当避忌，否则遭灾。这种土块就是民间常说的太岁土，无怪有谚云："太岁头上不能动土。"尽管王充极力驳斥此种"俗说"，汉代以后仍有关于太岁土主凶的记载。《酉阳杂俎·续集》卷三载："莱州即墨县有百姓五丰兄弟三人，丰不信方位所忌，尝于太岁上掘坑，见一肉块，大如斗，蠕蠕而动，遂填，其肉随填而出，丰惧弃之。经

水畅风顺

宿，长塞于庭。丰兄弟奴婢数月内悉暴卒，唯一女存焉。"太岁土上实为一种白膜菌，只因当时无力解释才附会出太岁凶神的臆说。

宅基地的选择还有许多禁忌。《阳宅十书》云："南来大路直冲门，速避直行过路人，急取大石宜改镇，免教后人哭声顿。""东西有道直冲怀，定主风病疾伤灾，从来多用医不可，儿孙难免哭声来。""宅前有水后有丘，十人遇此九人忧，家财初有终耗尽，牛羊倒死祸无休。"这些禁忌在民间建宅业广为遵守。如在江苏扬州江都县，盖房"主要避讳两种地方，一是大路直冲着房子的地方，当地人叫'路箭'；二是有河道直冲着房子的地方，当地人叫'水箭'。箭能射杀人，在这种地方盖房子，易遇到意外之祸，是不吉利的，所以一定要避开"。又据明朝《营造门》说，凡宅宜后宫观仙居侧近处，主益寿延龄，人安物阜。不宜居当冲口处，不宜居塔冢、寺庙、祠社、炉冶及故军营战地，不宜居草木不生处，不宜居正当流水处，不宜居山有冲射处，不宜居大城门口及狱门、百川口去处。这是明代人建房宅选地基的要领，是以求神佑、避鬼祟、躲战乱、图清静、多生殖、恐讼争等为准则的，这些都迎合了民间普遍的空间心态，百姓会争相仿效。

石龟

选定住宅地基之后，再由风水地师以其对外在环境、天时的观察、诠释来决定整栋屋宇的朝向。若屋主人未请地师，则由大木师傅定向。风水中称这种决定住屋朝向的方法为"向法"。

定方位要顺势、忌逆势。根据自然地形、地貌、水流方向、气候特征等决定"大向"，即大致朝向。一般规则是坐北朝向的"负阴抱阳"格局。一些特殊的村落则因禁忌、避煞、自然条件的限制及礼制上对方位的要求而朝东或西。方位上的禁忌不是很严，最忌的是地势上南高北低，看上去极不顺眼，俗说："前

（南）高后（北）低，主寡妇孤儿，门户必败。后（北）高前（南）低，主多牛马。"实际这是顺乎自然，人们都是把房院建在山南水北的阳处，而不会建在山北水南背阴地里，出门就蹬山爬坡也是很不方便的。主房建毕，要在四周增建房屋亦有禁忌。《论衡·四讳》曰："俗有大讳四：一曰讳西益宅，西益宅谓之不祥。"所谓西益宅就是宅地向西边扩大。对此，《风俗通》亦以为是，并进一步解释曰："宅不西益，俗说西者为上，上益者妨家长也。原其所以，

泰山石敢当

有《礼记》曰：南向北向，西者为上。"这是说南北向的房屋，西边为尊长的住处，不能添建房屋。

选址禁忌，在今天看来大多是迷信而愚昧的，是不值得效法的，但有些禁忌，透过神秘的外表却能看到某些有道理的地方。比如景颇族的择墓屋，有时用芭蕉叶包好两包米酒，在选定造房的地点，依照将建房屋的长度，在两端各埋一包，过三五天后挖出，如米酒味甜，则此地为佳；如有酸味或被蚂蚁吃过，便视为不吉，不能在此处建房。埋、挖米酒包都要在晚上，不能被人看到，否则就不祥了。有时又取一节竹子割成两半，用炭在一片竹管的内壁大致画出将要建造的房子的间数，然后在每个象征房间的空格里放米两粒，再把另一片竹管扣上，晚间在无人看到的情况下埋于准备选作宅基的地方，第二天黎明再悄悄前往挖出，如米粒干燥则吉，潮烂则凶。常识告诉我们，不管是酒还是米，在干燥的地方不易变坏，而在潮湿或有蚂蚁的地方就容易霉烂变质或被咬噬。造房乃是百年大计，自然要选一个干燥、无蚁的稳

妥地方。上述禁忌，其实都是为了保证这一目的的实现，只是在愚昧的心理下为了求得冥冥中神灵的佑助，再添加上一层巫术的色彩，并被这种色彩掩盖了其中合理的内核而已。

3 主要民居样式

中国人对居住空间的建构主要受制于地理环境和季节气候。中国地域广阔，自然环境差异很大，再加上建筑材料和居住观念等因素的不同，导致传统民居的样式多姿多彩。典型的传统民居样式有西北的窑洞、南方的干栏、草原的帐篷、西南的碉房、平原的木结构、山区的石板房等等。这些富有地域特色的居住空间，成为当地标志性的人文景观。

四合院是北京传统民居形式，辽代时已粗具规模，经金、元，至明、清，逐渐完善，最终成为北京最有特点的居住形式。所谓四合，"四"指东、西、南、北四面，"合"即四面房屋围在一起，形成一个"口"字形。其布局常为"一正两厢"，正房上房位置在全宅的中

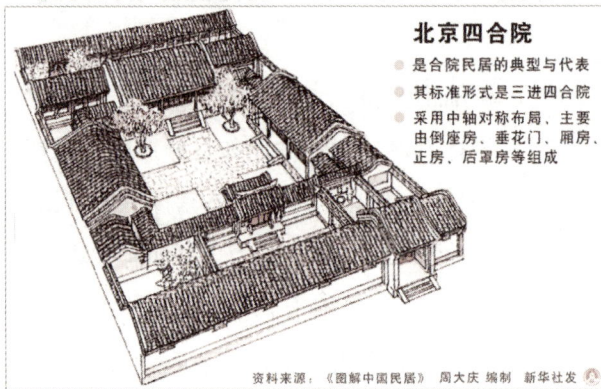

中国传统民居——北京四合院

北京四合院
- 是合院民居的典型与代表
- 其标准形式是三进四合院
- 采用中轴对称布局，主要由倒座房、垂花门、厢房、正房、后罩房等组成

资料来源：《图解中国民居》 周大庆 编制 新华社发

轴线上，坐北朝南，开间、进深、高度和装饰等都位全宅之首。院子两侧的厢房陪衬着正房。北京正规四合院一般依东西向的胡同而坐北朝南，基本形制是分居四面的北房（正房）、南房（倒座房）和东、西厢房，四周再围以高墙形成四合，东南角开一个门。

福建（南靖）
土楼——裕昌楼
新华社记者 张
国俊 摄

　　土楼分布于福建西南部及广东、广西二省的北部，是福建客家人以土做墙而建造起来的集体建筑，呈圆形、半圆形、方形、四角形、五角形、交椅形、畚箕形等，各具特色，其中以圆形的最引人注目，当地人称之为圆楼或圆寨。土楼无论大小，还是方圆，其内部结构都是内通廊式的，从进入土楼大门开始，人们便可以通过通廊、楼梯毫无阻隔地到达楼内任何一个房间。

　　徽州城乡住宅多为砖木结构的楼房。明代以楼上宽敞为特征。清代以后，多为一明（厅堂）两暗（左右卧室）的三间屋和一明四暗的四合屋。一屋多进。大门饰以山水人物石雕砖刻。门楼重檐飞角，各进皆开天井，

徽州民居

通风透光，雨水通过水枧流入阴沟。俗称"四水归堂"，意为"财不外流"。各进之间有隔间墙，四周高筑防火墙（马头墙），远远望去，犹如古城堡。

　　在中国民居中，山西民居和皖南民居齐名，一向有"北山西，南皖南"的说法。山西民居中，最富庶、最华丽的民居要数汾河一带的民居了，而汾河流域的民居，最具代表性的又数祁县和平遥。山西民居以土坯大砖为建筑材料，常为瓦房。房屋都是单坡顶，无论厢房还是正房、楼房还是平房，双坡顶不多。布局、结构一般以三间为主，院墙和房屋形成四合院。由于都是采用单坡顶，外墙又高大，雨水都向院子里流，也就是"肥水不

外流"。院落多为东西窄、南北长的纵长方形,院门多开在东南角。院墙大门和房顶都建有独特的装饰,风格朴素深厚,气质内敛,反映了中原地区纯朴的民风。

窑洞是典型西北黄土高原、黄河上游地区,少雨地带的民居。人类的居室大都因地制宜而营造,在黄土高原表现得尤为突出。黄土高原的土崖畔上,正是开掘洞窟的天然地形。窑洞防火,防噪声,冬暖夏凉,既节省土地,又经济省工,确是因地制宜的完美建筑形式,十分适宜居住生活。窑洞有单独的沿崖式窑洞(土窑)、土坯或砖石的拱式复土窑洞以及天井地院落式窑洞三种。这三种都是上部拱圆,下方端直,契合中国传统文化中"天人合一"和"天圆地方"的思想。

蒙古包

蒙古包是我国蒙古族、哈萨克族、塔吉克族等民族牧民居住的帐篷,一般为圆形,古代称"穹庐"、"毡帐",即蒙古人所称的"格尔斯"。蒙古包一般用柳条做骨架,外侧包羊毛毡,再在顶部中央设可支起的圆形天窗,是一种可移动的圆形住宅。在柳条两侧涂料灰草泥代替毡子,即成为半永久式的固定蒙古包。在两个圆形住宅之间,联以土墙,成为并列的三间房屋而演变成土房。

竹楼是傣家人世代居住的居所,傣族竹楼是一种干栏式住宅。竹楼的平面呈方形。底层架空多不用墙壁,供饲养牲畜和堆放杂物,楼上有堂屋和卧室,堂屋设火塘,是烧茶做饭和家人团聚的地方;外有开敞的前廊和晒台,前廊是白天主人工作、吃饭、休息和接待客人的地方,既明亮又通风;晒台是主人盥洗、晒衣、晾晒农作物和存放水罐的地方。

湘西的土家族、苗族及侗族等大多居住在高寒山区，山高坡陡，平整、开挖地基极不容易，加上天气阴雨多变，潮湿多雾，砖屋底层地气很重，不宜起居。因而，这些民族历来依山傍水，构筑一种通

湘西民居

风性能好的干爽的木楼，叫"吊脚楼"。吊脚楼建在斜坡上，把地削成一个"厂"字形的土台，土台下用长木柱支撑，按土台高度取其一段装上穿枋和横梁，与土台平行。吊脚楼低的七八米，高者十三四米，占地十二三平方米。屋顶除少数用杉木皮盖之外，大多盖青瓦，平顺严密，大方整齐。

碉楼是羌族建筑中颇有特色的一种，羌语称碉楼为"邛笼"。羌碉被法国建筑学家称为"世界建筑明珠"、"东方金字塔"。碉楼有四角、六角、八角等几种形式，一般为二层至三层，上层堆放粮食，中层住人，下层圈养牲畜。也有高达十三四层的碉楼。房顶平台的最下面是木板或石板，伸出墙外成屋檐。木板或石板上密覆树丫或竹枝，再压盖黄土和鸡粪夯实，厚约 0.35 米，有洞槽引水，不漏雨雪，冬暖夏凉。房顶平台是脱粒、晒粮、做针线活及孩子、老人游戏休歇的场地。

4 木结构传统建筑

如今，木结构成为判定古建筑和现代建筑的主要标准之一。古民居建筑以木结构为主体，不仅是因为木材是中国常见的材料，质地坚韧，触感良好，容易施工，而且还在于木结构造型轻盈，屋宇更有飞扬意味，配合

木结构

厚重的山墙或外墙，兼具端庄活泼，符合中华民族中庸个性的审美心理。木结构建筑体制的传统也折射出中国文化的基本精神：中国文化的伦理本位特质，排斥了对彼岸世界的追求，而着重引导人们注重现实世界的亲情之爱。中国人诚然也有"长生不老"的欲望，但在文化主脉中，却很少有依赖物质以达到永恒的意向。人的生命是有限的，中国人也不希望建筑能永存。中国文化与西方文化有所不同，一个以人为中心，一个以神为中心，也就是"人本"和"神本"、"物本"的文化概念。神和物都是永恒的，人却是暂时的，在不同的价值观念下自然产生不同的选择态度和方法。在长期的历史发展过程中，中国人坚持木结构建筑原则与此有很大关系。

中国古代民居建筑蕴含着一种生命常变的观念。在中国文化里蕴含一个重要的观点，就是万物变动不居。中国人认为人难免一死，死后会有下一代继承，下一代死后会有再下一代继承，自己有限的生命必须靠儿孙延续，因此没有儿孙被视为最大的不孝。这是中国人与西方人不同之处，中国人是要儿孙来纪念自己，不以房子来纪念自己；而西方人则常用建筑来纪念自己，因此外国人盖个房子，常用石头刻字嵌在上面是很普遍的。在大学里想要募捐一座建筑非常容易，但要募捐其他的资金则不太简单，因为每座建筑都有捐赠者的姓名，日后靠大学的持续，这姓名亦能保存久远。而中国人却没有意识到这一点，也因为传统民居木构房子雕刻无法持久，人们知道再华丽的建筑，时间都是有限而终会腐朽的。因此与时间竞争是无济于事的。任何建筑物过了一定时间就会腐朽，腐朽后需要更新。"百年大计"是后来西方传入的观念，在传统的中国是没有的。建筑与人生一样，不必过分努力期望它能永恒持续下去，生命是不会永恒的，建筑只代表一代的生命，随着代际更迭而消失，是很自然的。正如梁思成先生在《中国建筑史》中所说："盖中国自始至终未有如埃及刻意求永久不灭之工程，欲以人工与自然物体竟永久存之实，且既安于新陈代谢之理，以自然生灭为定律，视建筑如被服与马车，时得而更换之……"房子就和衣服

木头建筑

一样，穿破就应该扔掉，房屋并非了不起的需求垂之久远的艺术。这种不断变化的观念，就是不断求新。常保求新的观念是中国人在骨子里所赞同的，新的比较好，是因为新的会变旧，旧的会变老，老的会走向死亡，所以新了还要再新。春夏秋冬，四季轮回，人的命运也是这样，风水轮流转，三十年河东，三十年河西。中国人觉得事情是一直变动的且继续在变化之中。对"新"的美好的企盼和希望是一般老百姓活下去的精神支柱。

很明显，用木头盖的房子容易倒塌，而用石头垒起来的房子保存的时间更为久远。中国大量的旧房子是民国时期的，留下来的明清两朝的房子已经非常少了。中国人根本就没有这种观念——认为木头是比较容易腐坏的材料，石头是更结实的材料，用石头建造房子不容易垮。中国人认为，房子旧了就应该建新房子。有钱的人应该住新房，穿新衣服。新的才是喜庆的、充满希望的。这和西方人的观念完全不同，譬如在英国，如果哪一家拥有一座古堡，亦即 13 世纪骑士时代的建筑，会令人肃然起敬。所以，有钱的欧洲人都会以拥有一座建筑而自豪。在中国则恰恰相反，住老房子的被视为没出息的；有出息的就该拆掉老房子，盖栋又新又大的房子。在中国传统文化中，除士大夫阶层把玩古玩之外，并没有保存旧东西的习惯。农村的庙宇，哪一座是新盖的，哪家香火就旺盛。所以中国人没有保持古

建筑的习惯和观念。外国人说 china（中国）就是"拆儿那"，因为经常可以看到在旧墙上的一个白色的圆圈中写有一个白色的"拆"字。

5 庭院深深

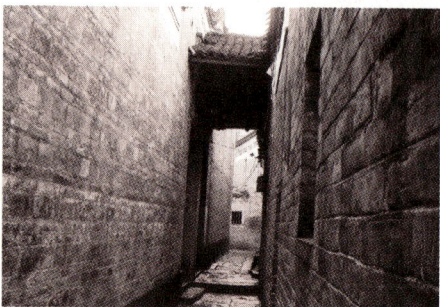

曲径通幽

中国建筑最大限度地利用木结构的功能和特点，一开始便不是以单一的独立的个别建筑物为目标，而是以空间规模巨大、平面铺开、相互连接和配合的群体建筑为特征，在严格对称原则下，各个建筑之间有机相连，构成多样变化又保持均衡统一的平面整体。在群体建筑的相互联系和配合中，又展示出空间序列的内在深化，通过复杂的柱、梁、檩、椽等建筑工艺，实现"五步一楼，十步一阁；廊腰缦回，檐牙高啄"的意境，形成一种具有深度空间的庭院或庭院式建筑形式。以徽州民居为例，徽州宅居为多进院落的组合式结构，庭院很深，进门为前庭，中设天井，后设厅堂住人。厅堂里又划出后厅堂，用中门隔开，后厅堂设一堂二卧室，堂室后是一道封火墙，靠墙设天井，两旁建厢房，这是第一进。第二进的结构也一样，为一脊分两堂，前后两天井，中有隔扇，有卧室四间，堂室两个。第三进、第四进甚至更多，结构大致一样，一进套一进，形成屋套屋。

中国建筑平面纵深构造的艺术风格同西方建筑不同。西洋式古典建筑以体势雄豪宏壮争胜。通过巨大的岩石堆垒与雕刻，以单体建筑自身的巨大穹顶、高廊伟柱，形成一种立体布局的壮伟厦堡式建筑。8 世纪以后的哥特式建筑最为典型。中西建筑在空间序列上展开的不同风格，折射出不同的民族文化精神。中国建筑在空间序列上，以平面展开、相互关联、内在深化为特征，故而具有"庭院深深"的意境。与中华民族注重"关联与和谐"的意识以及内倾的性格相吻合。西方建筑在空间序列上的高向伸展与扩张，则反映了西方文化强调个体发展的传统与外倾的民族性格。

木结构的建筑不能太高，否则容易倒塌，所以中国传统建筑在空间延展上强调平面铺开，紧贴大地，成为一个建筑群。这充分体现了中国人"入世"的生活哲学。在这个建筑群中，对人与人之间的关系做了空间上的规范。譬如，四合院正房开间和进深尺寸都要比厢房大，正房左右接出耳房，由尊者长辈居住。正房前，院子两侧各建厢房，其前沿不超越正房山墙，厢房是后辈们的居室，男女、长幼、尊卑秩序井然，这符合中国"长尊幼卑"的传统。这种按照封建宗法理念设计的四合院最能体现古代社会长幼有序、上下有分、内外有别。在家族制度基础深厚的中国，四合院标榜尊崇共同的祖先，维系亲情，并表明了不同宗族成员的不同地位。

中国民居之所以是一个建筑群，又与传统的家产继承习惯法相适合。欧洲的城堡能持续多年，与其社会制度中的长子承袭有关。不论儿多寡一律由长子继承城堡，城堡上所刻的姓氏爵位，由一人承继而传袭下去。这种继承法保证了西方人建筑单体的合理性和可能性。可是中国人家产的继承传统并非如此，多以众子平分为原则，或有偏爱亦以幼子为多。因此，房屋需有很多房间组成，长辈过世后，儿孙都有房子住。以防长辈不在时，儿孙为生存空间而互相争斗。

6 寻求"家"的平安与富贵

对于中国人而言，居所不仅是人们避风躲雨的地方，可以给人们安全与保护，更是一种精神的栖居地。在中国传统文化中，无论公侯王爵、士人乡绅，还是庶民百姓，生活中首要的考虑便是添置房产，成家立业。居所，某种意义上来说，为安身立命之本。有了居所，才有安定与安全，才有"家"的富有和温馨。

民居建筑不仅是物质的存在，也蕴含了丰富的伦理和吉祥文化内容，民俗气息浓郁。从民居布局来说，北京四合院正房、厢房的设计，明堂、暗

室的对称，天井及游廊的构置，显得秩序井然，传统封建宗法理念及伦理秩序得以淋漓尽致的展现。晋中大院宏大的建筑群，巍巍的门墙，精美的影壁及错落的楼院，透射出晋商雄厚的财力及勤劳经商

乔家大院"德兴堂"　　新华社记者　燕雁　摄

的理念。陕北窑洞的门匾题刻内容非常丰富：或题显要门第，如"进士"、"大夫第"、"武魁"、"骑尉第"等；或题家传古训，以警后世，如"诗书门第"、"忠孝传家"、"践道履仁"等；或题吉祥语词或主人精神追求，如"福禄寿"、"德寿轩"、"清雅贤居"、"树德务滋"、"安乐居"……江西古民居最普遍的形式是"天井"格局。各进皆开天井，天井是指上缘由屋顶四向的屋檐或墙壁组合构成，下底铺地面积大于井口，凿内池、留沟防、设路径、安石埠、置盆栽种种异制，都具有集水、纳阳、通风、采光、消防等多种建筑功能。雨水通过水枧流入阴沟。俗称"四水归堂"，意为"财不外流"。坠绳，是拴在天窗正中用来固定蒙古包的拉绳。春秋季节刮起大风或羊角风的时候，用力把拉绳揪住，或者把它固定在外面北墙根的桩子上，可以防止蒙古包不被风刮走。蒙古人认为坠绳是保障蒙古包安宁、保存五畜福分的吉祥之物，是蒙古包的"安全带"。坠绳是一种蕴含保护家庭安全、五畜繁衍的吉祥物，所以非常神圣、珍贵，外来人不能用手去摸。客

家居住的土楼多以"福"、"兴"、"昌"等吉祥字眼命名。如永康楼、日升楼、福星楼、福田楼、裕兴楼、庆余楼、九福楼、永安楼、振福楼、永昌楼、积庆楼、德馨楼、永和楼、永固楼、福兴楼、集源楼……每个楼名都很清楚地表明了楼主追求美好生活、

八卦吉祥图

事业昌盛的期盼与祈求。中国官邸及有地位人家宅院都喜欢在府邸的大门及内门前放置两个石狮,或狰狞或憨厚,给宅邸增色不少,晋中大院也不例外。晋中大院的石狮,以榆次常家静园的石狮最为突出。在这座不足200平方米的小园子,伫立着百余尊大大小小的石狮子,形态各异、栩栩如生,表达了宅主对家族事业兴旺的祈福与追求。

从民居装饰来说,雕饰艺术尤为明显,无论是北京四合院的门楼、影壁,晋中大院的门墙、脊兽,陕北窑洞的窑脸、剪纸,还是皖南民居的马头墙、重檐,湘西吊脚楼的檐角、门窗,雕饰都是十分重要的一种美化手段,也表现出了中华民族的文化共同性。陕北窑洞的木雕图案主要以植物、动物、祥云、文字、琴、书等为内容,表现了人们对美好生活的向往和追求,如"狮子滚绣球",象征人世的权势、富贵,也有镇宅驱邪之意,有喜庆、吉祥意念;"凤凰戏牡丹"象征荣华富贵;"草龙"象征了神圣、力量、吉祥与欢腾之意。湘西人的吊脚楼把凤凰和牡丹作为窗饰雕刻形象,有"富贵吉祥"之意;"喜鹊登梅"

木　雕

意为国泰民安、喜事不断；"麒麟送子"意为祥瑞降临、圣贤诞生；另外还有"天仙送子"、"五福捧寿"、"五子登科"、"封侯拜将"等窗雕，皆寄托着湘西各族人们对幸福美好生活的祈福和向往。皖南徽州民居雕饰艺术历史悠久，在长期发展中逐步形成了具有地区特色的雕饰艺术，木雕、砖雕、石雕被称为"徽州三雕"，为世人瞩目。这些雕饰艺术以历史内容、戏剧人物、民间故事、生活习俗、花卉鸟兽等为素材，深刻反映了该地区人们对美好生活的热烈追求，也折射出了徽商文化的深厚内涵。在雕饰中，人们通过雕饰各种动植物图案，利用谐音、暗喻、联想等，表达一种纳福求吉、驱邪避祟的共同心理和对美好生活的期盼。如五福捧寿——图案由一寿字或寿桃及周围五只蝙蝠组成，寓意有福长寿。连年有余——图案由莲与鱼组成。"莲"和"连"，"鱼"和"余"、富裕的"裕"谐音，象征吉祥富裕、美好。万事如意——图案由两只柿子与一支"如意"组成。"柿"与"事"谐音，寓意"事事如意"，象征着事事吉祥、如意。喜鹊登梅——图案由喜鹊与梅花组成。喜鹊象征吉祥、喜庆，寓意为国泰民安、喜事连连。岁岁平安——图案由一只插有结穗植物（如稻、稗）的花瓶及旁边一只鹌鹑组成。"穗"与"岁"、"瓶"与"平"、"鹌"与"安"谐音，表示"年年平安"等等。

照妖镜

在中国，盖房子常常先找个风水先生决定房子的方位，而周边风景明明摆在前面却一点不能享受。传统盖房子的目的是寻求一个安心和安宁的居住空间，以求得家的兴旺和发达，而不是一个很美丽的景致。

五、交通民俗

在传统社会，人口流动几乎处于静止状态，出行在人们的日常生活中可是一件大事。大多数人的旅程是以陆路和水路为主的。数千年来，围绕着陆地和水面交通，中国古代祖先不仅开拓了四通八达的陆路和水路，也创制了五花八门的代步工具，这些都极大地降低了出门旅行的难度，也大大提高了出行的速度和效率。

1 陆路与水路

相传史前为了作战与生活的需要，黄帝"命竖亥通道路"。"道路"出现了，名称也由此而定。

帝尧时，路名"康衢"。《尚书·舜典》讲了这样一个故事：尧年纪大了，经过反复考验选择了舜为自己的接班人，并将帝位传让给了他。舜登位后办的第一件大事就是"辟四门，达四聪"，"明通四方耳目"，2月巡泰山，5月去衡山，8月访华山，11月到恒山。可见舜帝对发展交通、开辟道路是非常重视的。在周代，道路已粗具规模了。《周礼·地官》云："凡治野，夫间有遂，遂上有径；十夫有沟，沟上有畛；百夫有洫，洫上有涂；千夫有浍，浍上有道；万夫有川，川上有路。"这里的遂、沟、洫、浍、川都是各类大小河的别称，而径、畛、涂、道、路则是各种宽窄路的别名。路按等级分别命名，"路"容乘车三轨，"道"容二轨，"涂"容一轨，"畛"走牛车，"径"为走马的田间小路。具体而言，每轨宽八周尺，每周尺约合 0.2 米。经涂、纬涂宽九轨（约合 14.4 米），环涂宽七轨（约合 11.2 米），野涂宽五轨（约合 8 米）。"周道"以洛邑为中心，向东、向北、向南、向

古驿道

东南又修建成等级不同的、呈辐射状的道路。周道是西周王室的生命线，也是国家交通的中轴线。《诗经·大东》云："维北有斗，西柄之揭。"是说天空北面有北斗，"周道"像一把朝西的勺柄，联结了七星。在我国古代交通发展史上，修建周道的重大意义是不可低估的。

"秦治驰道"为中国交通史上空前浩大的工程。"驰道"又名"真道"，为天子驰车马之道，又广筑非官道。沟通欧亚大陆的世界著名的丝绸之路，在公元前1世纪起已经形成商业之途，并将中国的丝绸穿逾沙漠，输送到欧洲而得名，但主要是在公元前138到前115年，由西汉王朝派张骞两次出使西域，远抵大夏国（即今阿富汗北部）而载入史册。秦汉以后历朝，路名"驰道"或"驿道"，元称"大道"。清朝把驿路分为三等，一是"官马大路"，由北京向各方辐射，主要通往各省城；二是"大路"，自省城通往地方重要城市；三是"小路"，自大路或各地重要城市通往各市镇的支线。大路的构筑以黄土沙石为材料，一到雨季泥泞不堪、异常不便。过去也多由官家出面群众集资出力维修。遇有险峻地方修筑路桩、石礅等防护设施。而偏道、便道、斜插近道多为自然踩出。清朝末年，我国建成第一条可通行汽车的路，被称作"汽车路"，又称"公路"，由此一直沿用至今。1876年，英帝国主义欺骗满清政府，擅自修筑了吴淞到上海的铁路，这是在我国领土上的第一条铁路。而1881年建成的唐山到胥各庄的铁路，则是我国出资修建并延存下来的第一条铁路。

水 路

旧时，道路计程多以路边固定景物为标志，如桥梁、老树、碑幢、村庄、坟地等。路段名称以地名而定，如张村道，湖村道等。在北方地区，道路的远程标志为关口，因为过去以关定界，出了关如同出了国，对一个行旅人来讲，在关内关外心情和遭遇会大不一样。故而唐诗中有"劝君更进一杯酒，西出阳关无故人"诗句。

桥、桥梁是跨越峡谷、山谷、道路、铁路、河、其他水域或其他障碍而建造的结构，是一种由水面或地面突出来的高架，用来连着桥头桥尾两边路，是沟通因水流或山谷而隔离通途的必要环扣。垒石培土，绝水为梁，在浅水中设步墩，早在公元前23世纪的尧舜时代，就有"鼋兽以为梁"的说法。"鼋兽"是以动物命名的大砾石。在山势险峻之处凿石成孔，插木为梁，上铺木板，旁置栏杆，称为栈道，是中国古代道路建设的一大特色。《史记·货殖列传》记载："关中南则巴蜀，栈道千里，无所不通，唯褒斜道绾毂其口"，战略上为"蜀之咽喉"，历来为兵家必争之地。如在公元前206年，著名的"明修栈道，暗度陈仓"的故事即发生于此。

2 五花八门的代步工具

传说黄帝因见蓬草随风吹转，而发明了车轮，于是以"横木为轩，直木为辕"制造出车辆，对交通运输作出了伟大贡献，故尊称黄帝为"轩辕氏"。随着车辆的出现产生了车行道，人类陆上交通出现了新局面。据《古史考》记载："黄帝作车，任重致远。少昊时略加牛，禹时奚仲驾马。"相传夏代还设有"车正"之职，专司车旅交通、车辆制造。当时有一个叫奚仲的人，就曾担任过夏朝的车正，在其封地薛（今山东滕县）为夏王制造车辆，并"建其旃旗，尊卑上下，各有等级"（《续汉书·舆服志》）。可以推测，车子

骆 驼

在夏代已相当普遍。交通有所发展，根据甲骨文、金文、出土实物及古籍记载，商朝有了"车马"、"步辇"和"舟船"等交通工具。唐代已有公共交通车，当时称之为油壁车。到了南宋，京城临安（今杭州）这种油壁车有了新的改进。车身做得很长，上有车厢，厢壁有窗，窗有挂帘，装饰华美。车厢内铺有绸缎褥垫，很是讲究，可供6人乘坐观光。这是最早的公交车，临安在世界上也算是出现公交车最早的城市了。

"陆行乘车，水行乘船，泥行乘橇，山行乘樏"，是对古代几种主要交通工具性能的总结。独轮车以只有一个车轮为标志，在狭窄的路上运行，其运输量比人力负荷、畜力驮载大过数倍。这种车可以在乡村田野间劳作，又方便在崎岖小路和山峦丘陵中行走。司马迁在《史记》中曾提到，大禹治水"山行乘樏"，"山行即桥"。《史记·河渠书》集解引徐广曰："樏，一作桥。"因樏是过山之用，负在一前一后两人肩上，远望过去"状如桥中空离地也"（《癸巳类稿·轿释名》），所以又可称桥。而"桥"、"轿"二字古时可相通。清俞正燮所编《癸巳类稿·轿释名》中说：轿"古者名桥，亦谓之辇，亦谓之茵，亦谓之辒，亦谓之辒輬，亦谓之舁车，亦谓之担，亦谓之担舆，亦谓之小舆，亦谓之板舆，亦谓之筍舆，亦谓之竹舆，亦谓之平肩舆，亦谓之肩舆，亦谓之腰舆，亦谓之兜子，亦谓之篮，而今名曰轿，古今异名同一物也"。民间所用的轿子分黑轿（素帷小轿）和花轿（红轿）之分，均用肩抬。黑轿用竹编而成，较轻便，常用两人抬；大花轿（红轿）以红木精制而成，较重，用4人抬，

独轮车

大型的用8人抬（俗称8人大轿）。前者系一般妇女出门所用之物，后者则专用于婚嫁迎娶。

江南地区河流湖泊密如蛛网，农村几乎家家有船，人人会划。捕鱼、采莲、养鸭、进城、赶集、走亲访友、送孩子上学、婚丧嫁娶，样样事情离不开船。古人创制了最早的水上交通工具——筏子，这是一种用树干或竹子并排扎在一起的扁平状物体。筏子，古时也称为"桴"、"泭"或"箪"。考古证明，至少在7000年前，中国已能制造竹

花　轿

筏、木筏和独木舟。最早、最简单的竹筏是由很多竹竿捆扎而成的竹排，沿江河顺流而下，也可以用桨、橹、篙来推进。"刳木为舟"（《周易·系辞》），"刳"是割开、挖空的意思，"舟"是指古代船舶的直系祖先——独木舟。其制作过程是：先选用一棵粗大挺直的树干，将不准备挖掉的部位涂上湿泥，然后用火烧烤未涂湿泥的部位，待其呈焦炭状后，再用石斧等工具砍凿，这样疏松的焦炭层很快就被"刳"尽，如此反复多次，独木终被"刳"成带槽的舟。

流行在江浙水乡地区的脚划船，又称"乌篷船"，当地都习惯称"小船"，因划船主要用脚，故称。用于交通的脚划船，设有拱形船篷，船篷以竹篾为体，竹竿为拱，中间夹着竹箬的乌篷，通体黝黑。船首高翘，有的船头雕着"螭首"，以示吉祥，中间辅有木板，上置草席、枕头等，可坐可卧，一般可乘6至8人。专门接送人过河的为渡船，又叫"过河船"、"摆渡船"、"送河船"等，平时停靠在河两岸的渡口处，每天都有固定的时间

乌篷船

通过固定的航线到达彼岸。将舟和桥联系在一起的叫浮桥，又称舟桥、浮航、浮桁和战桥。这是一种将船、筏用绳索连接在一起，上铺木板作为桥身建造的桥梁。浮桥的起源很早，《诗经》谓："亲迎于渭，造舟为梁。"这是以舟为梁。古时限于技术条件或其他原因，在尚未有修建固定的桥梁之时，人们为解决交通的需要，便建造了这种浮桥，也可说这是由船（桥）发展至桥梁的过渡。

3 出门饯行

不论是走水路还是走陆路，亲人都要为出远门的人饯行。临行饯别的习俗是非常普遍的，上至帝王将相，下至平民百姓，亲友相别时总要聚会饯行。一般是邀请临行人吃一顿丰盛的饭菜，席间一定要敬酒壮行，说一些祝福的话。"劝君更进一杯酒，西出阳关无故人"，以酒壮行色的习俗一直延续到今天。

讲究的人家还要包顿饺子款待，因为饺子的形状像个金元宝，吃了饺子出门，定能广开财路，顺利平安，所以，民间流传有"出门饺子进门面"的说法。山西一些地方，出行多选择在上午或凌晨。行前全家一起吃饯行饭，单为行者吃荷包鸡蛋，饼食类的耐饥食品。富贵家要摆宴席饯行，请家族兄长、亲朋好友，大家以酒祝愿。对父母长辈，行旅的晚辈多要跪别。

也有的亲友不请吃饭，而是赠送一些礼物。因为是送给旅行的人，所以，礼物既要实用、简单，便于携带，又要便于收藏。如结实耐用的千层底布鞋、带有吉祥图案的玉佩、避邪防身的宝剑等等。

古时，在郊外，每十里会设有一个长亭，最后的离别就发生在这里。"长亭外，古道边，芳草碧连天。"在通信不发达的年月，这一别便是从今分两地，家书抵万金。多少担心，多少牵念，多少嘱托，执手相看泪眼，竟无语凝噎，千言万语堵塞心头，到嘴边往往一句话也说不出来。东风无力百花残，人生自古伤离别。

长亭古道两旁，种植有垂柳，一来可以为行人遮阳纳凉，二来也与唐宋以降一直延续到清代的折柳相别习俗有关。送别时，折一枝长长的柳条相赠，许多心意就已在不言中。柳条细长拖地，表现了行人留恋故土，依依不舍的情怀，而"柳"通"留"，是众亲友不忍离别，有挽留之意；柳树生命力旺盛，插土即活，所谓"无心插柳柳成荫"，而且柳树被认为有避邪的作用，所以，赠送柳枝也是祝福行人即使在外地也能适应环境，无病无灾，逢凶化吉；柳条丝丝细长，"丝"与"思"音同，希望行人不忘故土，思念家乡，早日归来与家人团聚。依依长柳之于离别，就像皓然满月之于思乡，已经成为一种约定俗成的文化符号。

4 客栈与会馆

旧时，客栈作为逆旅所止之屋，是出门在外的行人暂时夜宿之所。"店有所属，人有所选"，指的是在投宿时，处于不同社会阶层的人会选择不同种类和档次的客店。

驿站是国家设置的、专门为过往官差提供食宿及交通工具的旅店。为了提高工作效率，清朝时曾制定了严明的管理条例，内容包括驿站人员定额、分工与职责、设备配置与管理维修、物资的筹集与经费使用管理等等。奔走于各地的官吏到了驿站，还要被登记姓名、职级、所应供应的口粮标准以及舟车数量、随员人数、所带物品、在途期限等，只有这些与官方发给的凭证勘合时，才被按不同级别的标准接待。进京赶考的学子们往往投宿于离考院、考棚较近的客店，这些客店不仅占地利，而且还投学子们所好，多名为"高升店"、"中魁店"等等。明清时，会馆兴起，成为学子们的首选。商人为生计逐利，行走四方，夜晚歇息时一般会选择高档的大客店。行栈也是商人们多投宿的客店。行栈是城镇、码头、交通枢纽地供客商堆货、寓居、进行商贸交易活动的场所，大多是客栈与货栈结合一体经营，不仅接待客商食宿，有的还代办存货、销售，办理缴税、运输等手续，进而代客采购货物等业务。有一种专门接待用畜力拉车进行商贸运输的车主们的客栈，民间俗称"大车店"，也有叫"车马店"、"骡马大店"的。大车店一般都是空间较大的院落，便于大车停放和转头回旋，店门前白天挂店幌，晚上挂灯笼，并设有拴马桩、上马石等。院内置有客房、槽房、伙房、马厩等。大型的车马店有二三十间客房，院内可容二三百辆大车。有一种极为简陋、价格十分低廉的客店叫"鸡毛店"，这种客店房屋低矮，面积狭小，连被褥都没有，只在土炕上铺一层较厚的鸡毛，所以俗称鸡毛店。住在鸡毛店的人可想而知，主要是些底层的耍手艺人、做小买卖的外乡人等贫苦百姓。

会馆是一种特殊的客栈，其出现可上溯到明永乐年间。1415年，明政府决定将三年一次的科举考试地点由南京正式迁往北京。当年，赴京会试的各省举子达五六千人之多，食宿成为一大难题。于是，为便于本乡举子赴试，在京的官员和商贾积极倡导，会馆开始以民间自发自助的形式出现于一些大都市或通商口岸。

江西会馆

会馆可分为行馆和试馆两类。同一行业的商人集资建立的会馆就是"行馆",由于从事某种商业的人员大多来自同一个地方,所以诸多行馆都是以家乡地名为馆名的。"试馆"是专门为本乡进京赶考的举子们服务的。试馆的捐建者有的是本籍的京官,也有的是富商大贾,一来他们深知来京应试、做生意的艰辛,一旦做了官、发了财,浓厚的地缘意识和乡土情结就促使他们乐于回报家乡。会馆是中国民众地缘情结的表现。在异地他乡遇见老乡,即使是熟悉的乡音也能让人倍感亲近。会馆就是这样一个以联络乡谊为主旨的服务场所,敦亲睦之谊,叙桑梓之乐,这样的客栈实可谓"乡土之链"。

虽然会馆最初建立的主要目的是给赶考的举子们提供食宿方便,但是,平时外地进京的商贾、官员进京后,也常常汇集于会馆。会馆中饮食起居都是家乡的情韵,耳边也都是熟悉而亲切的乡音,这些都给游子们一种踏实的归属感。规模稍大一些的会馆还建有戏楼,演出家乡的戏剧,此举不仅满足了乡人对乡音的爱恋,而且,各大地方剧种在北京汇聚,为不同流派的演员们提供了相互切磋的平台。徽班进京后,最初就在安徽会馆中表演,在与其他剧种的交流中,一个融合了秦腔、昆曲、京腔等曲种的新剧种——京剧诞生了。

5 行旅宜忌

出门远行,也是人们日常生活中常遇到的。旧时交通不便,在外困难诸多,最怕碰上不测的灾祸。因此,民间素有慎出行的习惯。

中国传统的计时方式不同于我们现在用的公历,公历是民国政府为了与世界其他国家保持计时的一致而强制颁行的,与传统社会中的民众通过观察日月、星辰、气候、动植物等的变化规律来指导生产、生活的农历,在宇宙观的意义上是截然不同的。在中国民众传统的宇宙观中,以为日月和金、木、水、火、土五大行星以及二十八星宿的运行都不同程度地作用于地球生命，所以，古人认为一个人要成就大事，除了占有"地利"与"人和"，还要占"天时"。

于是，出门远行能否顺风顺水，一路平安，马到成功，也取决于是否在一个适于出行的吉日动身启程。民间最常用的择吉日的方法是查询老皇历。老皇历相当于现在的日历，但是内容远比日历要丰富得多。皇历的主要内容为二十四节气的日期表、每天的吉凶宜忌、生肖运程等，其中涉及的宜忌事项非常之多，简直囊括了生活的方方面面：祭祀、安葬、嫁娶、出行、动土、安床、开光、纳采、移徙、打扫房屋、入宅、修造、栽种、开市、移柩、订盟、拆卸、交易、求嗣、上梁、纳财、起基、赴任、安门、挂匾……可见，老皇历与民众生活的关系是非常密切的。在民间，这种择日出行的习惯约定俗成，在各地都流传有关何日出行比较吉利的谚语。在北京的门头沟地区，人们都知道"要出走，三六九；要回家，二五八"，因为这几个日子被认为比较吉利。"二"意味着"容易"，"三"意味"活着"，"五"是五行谐调，"六"能保证顺利，"八"意味着发财发家，"九"为长寿之意，"十"指"十全十美"。

尤当注意的是，逢"七"的日子不可启程，宁可延期；逢"八"的日子不可到家，宁可在旅途中多逗留一天两天，俗谓"七不出门，八不归家"。十三日忌出远门，因为"十三"与"失散"谐音。正月十三与以后的每月递前二日为杨公忌或杨忌，百事禁忌，迷信的人不出门。忌黑道日出门，每月的初五、十五、二十五都不能出远门，更不能在外住宿。山东有些地方忌双日出门，说"要待走，三六九"。假如已经选定了一个启行的吉日，但临时忽然发生了不良的兆头，如，小孩跌了跤，大哭不止，失手打碎茶杯之类，则至少须延期一日，不然，很不吉利。前面提及的杨公忌，是专门避忌出行的日子。据《无何集》云："世俗多畏杨公忌，谓不宜出行，皆未悉其原委，故为所惑耳。今按其说，乃是'室火猪日'。其术

元旦起角宿，依二十八宿顺数，值
室即为杨公忌。"按这样排列下来，
杨公忌应当为：正月十三、二月
十一、三月初九、四月初七、五月
初五、六月初三、七月初一、七月
二十九、八月二十七、九月二十五、
十月二十三、十一月二十一、十二
月十九。相隔均为28天。这些日子
都是禁忌出门离家的。至于杨公何
许人也，考之不详。

路 神

出门在外吃饭，有许多禁忌，
如不要先喝汤，不要端着碗喝汤，
要用匙，不要泼了汤；不要失落了筷子，不要打破碗。又"出门千里，不
吃枸杞"，枸杞为补肾强壮药，这条禁忌谚语含蓄地告诫男子出门要注意控
制自己，忌拈花惹草，寻花问柳。"落店"睡觉时，不要枕着鞋子睡觉，不
然，会沉迷不醒。不要起床的时候站在床上，而且无论什么时候，不要站
在或坐在人家的门槛上，触犯了门神，令主人家不高兴。途中问路要先施
礼，加称谓问路，所谓"见人不施礼，多走十五里"。路中见帽子不捡，谓
之"愁帽"，是头沉的事情，恐一路不轻松。见布袋不捡，谓之"气布袋"，
恐惹是非。坐车忌说"翻"、坐船忌说"停"等等。

行路时，忌讳遇上殡葬，俗以为不吉利；或将衣帽脱下，扑打数次，以
为破解，谓之"散晦气"。在山里，旅行者最忌遇见瘴气。远看着山头有烟
似的、雾似的东西，这是瘴气发生了。抽叶烟是一个避瘴气的法子。还有
其他有强烈气味的东西，也可避瘴气。旅行期间有些征兆需要注意，如做
梦牙掉了，兆家中长辈凶丧，必写信或亲自回来探望；耳朵发烧，谓家中
有人想念。喜鹊枝头叫，谓有客人到；泡茶时茶棍竖起，兆外出的人要归

来，等等，多无道理，只是出门在外彼此想念的一种心理解释。

农耕民族多有一种恋"家"的心理积淀，出行即意味着暂时离开自己的家宅，离开自己的安全归宿地，会有一种安全失落感。而这种失落感又是因对外地陌生的恐惧感引起的。如今，交通事业日益发达，现代化的交通工具已将原有的民间有关行旅的禁忌习俗抛弃得无影无踪。

六、人生礼仪

个人生活史的主轴是对社会遗留下来的传统模式的顺应。每个中国人的一生，都面临着既有民俗对他的塑造，直至生命结束。个人在社会中所经历的礼仪习俗，简称个人生活礼仪民俗或人生礼仪民俗。人生礼仪民俗，是中国先人在千万年的生养实践中摸索出来的一套按生命的节律而构建的礼仪程式。主要体现在生命的关节点：生、婚、寿诞、丧等阶段上。

1 好生之德

在中国人的生命历程中，没有比家庭、家族更重要的东西了，人们的一切喜怒哀乐，都与家庭、家族紧紧联系在一起。传统社会中，人生最重大的事是成家立业；最大的欢乐是合家团聚，共享天伦之乐；最要紧的事是养家糊口，发家致富，光宗耀祖。而要达到这些目的，首先应重视"生"和"养"。"生"和"养"是我国传统家庭、家族乃至国家所关注的大事。这也是因为，为人父母既是新组合的家庭成员期待的人生重要历程之一，又是社会组织对家庭的一种分工和要求，因为维持国家、地区发展必须具备由人口自身再生产所带来的人力资源，而更重要的是，传统上的以血缘关系为纽带构成最基本的社会组织细胞，它强调家族至上，家族成员必须绝对服从家族利益的代表——家长。因此，生儿育女以延续家族在历史长河的绵绵不断的存在，就成为家庭和家族成员关心的焦点。

中国人对"生"和"养"的关注还源自传统的生命理念。《易经·系辞上》云："盛德大业至矣哉？富有之谓大业，日新之谓盛德，生生之谓易。"这指天地的盛德就在于富有万物并且不断地创生出新的事物，所以，"生生"即为"易"，即为宇宙大化的本质。这些构成了中华民族较完整的生命哲学。这种生命哲学的要义为：生生不息、新陈代谢乃宇宙之本质；人类之生命与自然万物之生命皆宇宙之本质的显现，故而融通为一。

西塘送子来凤桥

这种生命哲学在中华民族漫长的生养活动中，引申出了强烈的珍惜生命的意识和伦理。一般来讲，中国人都十分重视生与养，把生儿育女视为人生最重大的事情，因此有了民间生育过程中一系列的求孕及生育的祈求和操作。

中国人独特的生命意识最初的显现，是对生殖的顶礼膜拜。据考古材料证明，中国初民最早的生殖崇拜对象往往是女阴与男根。在辽西东山嘴地区出土了距今已有5000多年的用于祭祀的无头女陶像，在下阴部位刻有一三角形记号，这是十分明显的女阴生殖性崇拜。在大汶口文化遗址出土的彩陶上的图案，一般由抽象的花朵组成，而尤其凸显花心的部位，如在花瓣上画一条叶脉纹，中间用较浓重的墨彩显示出"花心"的部位。这表明先民已认识到阴蒂或阴道口在生殖过程中的重要性，而且以花喻女阴，以花心喻阴蒂，显然是人类性禁忌出现后在文化上的进步。

中国古人强烈的生命意识还特别显现于对新生命的爱护与教育上。因为生命的求取（祈孕）只是"生生"之德的初始表现；只有让一个个新生命健康地诞生和成长，才是天地有"好生"之德的圆满实现。

催生礼

一个小生命降生人间，引起父母多少喜悦，但如何使其健康地成长，则是生活于保健措施极不完善的古代中国人面前的难题。在长期的生育实践中，中国人创设了许多诞生礼仪及哺乳、喂养的习俗，其中虽有不科学的方面，但亦不乏可资参考的因素。这些民间方式大多充溢着广大百姓的生存智慧，是长期养育经验的总结。

在中国传统的养育习俗中，满月礼俗、周岁的庆贺仪式及纳吉的操作也是不容忽视的部分。新生儿的满月及周岁是人生的重要阶段，也是先民们异常重视的两个时间段。由此而派生出许许多多的生育活动、庆典、仪式等，它们或多或少都蕴含有辟邪求吉纳福的意义。给婴儿取名古老的风俗是与某种特定的动物及纳吉避祸的追求糅合在一起，形成了中国生养风俗的浓郁特色，而中国人为新生儿取名过程中的慎重态度及种种规定又足以让现代人感到好奇和兴味盎然。

2 入学开蒙

旧时学童就读之所叫书院，也叫私塾、书馆、学塾、蒙馆等。京师的蒙馆外面有招牌，大书一个"学"字，旁边还写着"秋爽择日来学"的字样。《燕都杂咏》："训课童蒙早，春风义塾开。夕阳催散学，总角抱书回。"注云："城内外设义学，训课童蒙。"

儿童刚上蒙馆，须举行开蒙礼仪。

浙江温州习俗叫开蒙为发蒙，须择吉日举行。中堂上摆列外婆家送的发菜、生汤圆、蜻干、猪肝、花蛤、小鲤鱼等十味，装十魁碗，叫十魁，由老学生来伴新学生共食。然后由新

开笔仪式过程

学生在红毡毯上跪拜蒙师，蒙师则手把手教新学生，执笔填写用红字印成的"上大人"习字纸一张。写毕，又将所写的字密密加圈。新学生拜谢蒙

师出堂，有的插银花一对，骑马向长辈亲友拜客，长辈给他拜见礼。外婆家所送礼物有状元片、糕干、福寿糕等，分发给同窗书友吃，另有果盘面和一封红封包，由蒙师收去；纸做的魁星和状元交学生领回。然后设筵款待蒙师。

在湖州一带，学童初上学，家长或亲友提两盏上书"状元及第"的灯笼，带一块红毡毯，一对红烛，四样礼物：糯米圆子（中嵌一粒莲心，四周用灯草染色镶成花纹）、粽子、酥糖、猪蹄。在农村稍为简单，须备两盒雪糕，上印"状元及第"、"读圣贤书"等字样。猪蹄和酥糖要奉赠老师，其余大部分分给同学。有的还用枣子拌点盐分发同窗，以示结缘（"盐"谐"缘"音）。

学馆正中挂一轴中堂画，如"鹤鹿同春"、"威震山谷（虎）"、"雄鹰展翅"等。学童家长点燃红烛，让学童在红毡毯上唱喏下跪，行拜师礼仪。应家长之请，老师给学童取一书名（也有家中事先取好的）。

杭州习俗，小儿六七岁时，请一有学问的人，教学童《三字经》或《诗经》数句，并教他识字四个，再执学童之手描红写字一张，名之"破蒙"。破蒙之先，堂上点红烛，令孩子向上拜，名叫拜孔夫子，再拜先生。左右桌脚旁，一边放一木盆，里面用水养着鲤鱼，一边系一只白毛雄鸡。鲤鱼，寓鲤鱼跳龙门；白鸡，寓白凤吐文章，都是象征孩子将来有出息。鱼同鸡用完后均须放生。破蒙时外婆家须送糕粽各一盘，以糕粽谐"高中"，希望将来应试高中。

三更课孙图

这种开蒙习俗，随民国以后学校兴起，已逐渐废弃或改变。如今有的地方孩子入学，风俗正趋铺张。父母要为之办"读书酒"，亲戚送礼。礼品从书簿笔墨、书包、计数器等文具用品，发展到衣帽、鞋袜、伞具等生活用品。

3 成年礼

人生进入成年，就好像季节转至夏天，标志着一个"旧我"的死亡和一个走向成熟的"新我"的诞生。在这人生的转折点，要举行成年礼，又称"成丁礼"，表示从此正式成为社会的一员。其礼仪形式因民族不同而各具特点，多借行礼向青年传授历史知识、生产技能和风俗习惯。此俗在各民族又因习惯差异而各呈特色。汉族传统，男子二十"冠而字"，女子十五"许嫁笄而字"，《礼记·冠义》有专门的介绍和要求，仪式隆重，需择良辰吉日及请嘉宾助礼。在少数民族地区流行换裙礼（凉山彝族），包头帕（瑶族），三加礼（朝鲜族），挽髻（藏族），拔牙（高山族）等成年礼形式。现代上海松江三泖地区残留"庆号"式的成年礼，男青年18岁后，自行联合，更乳名，命大名，以示成年。

成年仪式的繁简和宽严各不相同。文化发展程度高的民族，仪式通常包括：①考验忍耐力和自制力，例如斋戒和食物禁忌，强制沉默，不准表露恐惧或痛苦，无论发生什么事情，都毫不抗拒地顺从；②身体上施行手术，例如文身、割除包皮或拔

苗族上刀梯成年仪式

牙，也许只是涂上泥土或颜料；③对行为的指导，特别是民族或部落的婚姻规则；④秘传的戏剧性舞蹈，其中隐藏着部落的传统，并借以流传下去；同时，展示神圣的物品，告诫青年人不得把秘密告知妇女。有时在仪式中还假装死亡或复活；新成年者常取得一个新的名字，从此原来的名字废而不用。

基于各个民族生产力发展的不同水平和风俗的差异，成年礼仪呈现五光十色、多彩多姿的特色。依据成年礼仪具体展示的方式及手段，可以将其划分为三大类，即变形型成年礼、考验型成年礼及训诫型成年礼。

古时汉族及一些少数民族的成年变形，大都是从头上的饰物或帽子反映出来的。就汉族来说，变形前，无论少男少女，头发都梳理成兽角形状，即扎成两个或一个犄角式，后人常说少年之交为"总角之交"，源出于此。而行过冠礼和笄礼后，头发全部梳到了顶上，加冠加笄以固定，所以冠礼又叫上头。盘发插簪是一个女子从少女长大成人的标志，所举行的仪式叫笄礼。

成年礼的本来含义是表示一个人的成熟，表示社会承认他成年并愿意接纳他为一个正式成员，表示他已经具有某些权利（包括性爱权利）和应当承担起某些义务。其原始目的是为了对达到成年的男子进行考验，以确认他的成人。因而，成年礼的常见仪式除了"变形"之外，还有"考验"。"度戒"是瑶族的成年礼仪，一般在农历十月至次年正月举行。度戒时，父母及村寨里的人都可参观，敲锣打鼓，极为隆重，表示对年青一代成长的关怀和期望。有的地方度戒，还有上刀梯（赤脚爬上插上利刀的梯子）、踩火砖（赤脚踩烧烫的砖头）、捞活锅（伸手在滚油中捞物）等程序，进行艰苦的考验，以检验是否具有成年男子战胜困难的勇气和力量。

在瑶族度戒中作为誓词的十戒，包含着明显的传统公德教育的成分。在瑶族，度戒又谓过法，表明度戒是通过法的学习和考验的意思。他们把它作为进行传统公德教育的机会。原始民族在长期的生存过程中逐渐意识到社会要协调发展，氏族要兴旺发达就必须有一定的道德规范，必须有约束社会成员的规则，必须把这些规则通过一定形式传给后代。

4 千里姻缘一线牵

婚姻礼俗是男女建立婚姻关系的必要途径。由于结婚是人生最大的喜事，关涉家庭幸福、家族香火的延续和社会的安定，因此有关婚姻的习俗也就特别繁多。婚俗的历史非常悠久，并且处于不断的变动之中，具有鲜明的时代特色。

白族新娘

旧时的婚姻是"父母之命，媒妁之言"，有些男女，直到洞房花烛夜，还未曾见过一面，并没有感情作为婚后生活的基础。为了祝福新郎新娘婚后生活和睦，婚礼上便出现了促使新郎新娘百年好合仪式行为。

新娘新郎共饮"交杯酒"，是入洞房后到圆房之前的一个趣俗。交杯古时称"合卺"，始于周代。卺是一种匏瓜，俗称苦葫芦，其味苦不可食。合卺是将一只卺破为两半，各盛酒于其间，新娘新郎各饮一卺。匏瓜剖分为二，象征夫妇原为二体，而又以线连柄，则象征由婚礼把俩人连成一体，所以分之则为二，合二则为一。

新婚夫妇一同进酒，为什么要用匏爵呢？卺盛酒因卺味苦而酒亦苦，饮了卺中苦酒意味着婚后夫妻应同甘共苦，患难与共。同时，意示夫妇二

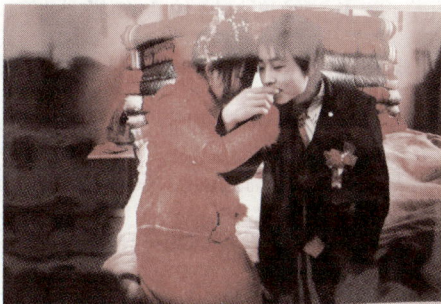
喝交杯酒

人如同此卺一样，合二为一，紧紧地拴在一起了。又因匏是古代八音乐器中的一种，它又含有音韵调和之意，故"合卺"又示意新娘新郎婚后应和睦协调，结为琴瑟之好。

到了宋代，破卺为二的酒具改成为两只木杯。新娘新郎同饮之后，掷杯于床下，若两杯一仰一合，意味着男俯女仰，天覆地载，阴阳和谐，实在是大吉大利的事。而"合卺"也就被改称为"饮交杯酒"。

相牵入洞房

"合卺"和饮交杯酒都离不开彩线，也就是用红或绿的丝绳缔成同心结系于盏底或杯足。此后，由这条丝绳便衍变出"拴线"仪式。此俗大概起源于唐代，由此习俗产生了"千里姻缘一线牵"的俗语。如今，红巾既不系足，也不拴手，只是让新娘新郎各持一端，相牵入洞房。所以，拴线被称之为"牵红"、"红绿牵巾"。"合卺"、饮交杯酒仪式，对于新婚夫妇来说，有着同样的功利目的。在中国传统社会中，婚姻遵循父母之命、媒妁之言，新婚夫妇常常是一对陌生人。但传统的伦理规范强调夫唱妇随，嫁鸡随鸡，嫁狗随狗，因此，新妇和其丈夫的沟通、和谐、结为一体尤其重要。

过去，纳西族摩梭人的婚礼上，就有类似"合卺"仪式。新婚前夕，人们端出公羊睾丸一个、酒一杯，请新郎新娘共同饮食。另外，新中国成立前，湖南宁乡地区的婚礼中，也有类似的仪式。当揭了盖头以后，新娘便脱去青衣青裤与青裙，换上花红衣服。然后，由两名妇女各捧两杯，茶内有枣子数颗，交给新郎新娘饮用。饮时不得独自饮完，留下一半相互混合再饮，俗称"合面茶"。婚礼上，新婚夫妇共食公羊睾丸以及枣子（早子）的行为，显然表达了对生育的祈愿。

5 新房里的狂欢

结婚礼仪中，最有意思的算"闹房"。"闹房"又称"吵房"、"戏新"、"戏妇"、"弄新妇"等。婚日当晚，喝过交杯酒，闹房即开始。平辈的、晚辈的、长辈的，亲戚、朋友、同事，纷纷拥入新房，他们竭尽所能，想出种种游戏节目，让新郎新娘当众表演，以逗乐取笑。新婚，与其说是新郎新娘的节日，不如说是一切相关的人们的共同节日。

闹房习俗从一开始便掺和了许多"越轨"行为。民间有"三日无大小"之说，来宾贺客可以不讲礼法，对新郎新娘恣意戏谑取乐，进行一场新房中的嬉闹。闹房的对象尽管不限于新娘，但新娘无疑是"闹"的主要目标，所以如广州等地干脆就将其叫作"反新妇"，这儿的"反"是"玩"字的谐音，"反新妇"讲白了就是玩弄新妇。古书中也有称闹房为"戏妇"的。

闹房与民俗心理休戚相关，不闹不发，愈闹愈发，因此自然而然，闹的名堂也就日益繁多。旧的节目继承了下来，新的节目又不断涌现：喝和合茶、唱歌、诵诗、点烟、咬糖、喝酒、舔筷子……五花八门，别出心裁。现在城市里的闹房已变得文明而又雅趣，通常是闹房的人们向新娘新郎提出一连串的问题，诸如恋爱的过程、亲热的举动等，甚至还追问个人的隐私。"叼苹果"大概是最常见的一项活动。婚庆的主持人手里拿着一个为新婚夫妇准备好的苹果，把它穿在一根线上，拴在羽毛球拍上，齐眉高地吊着。在一片哄闹声中，两人必须设法咬一口苹果。其目的是用这种方法促使他俩当众间接地接吻，在他俩的嘴之间只隔着一只苹果的距离。与询问"恋爱过程"的那些令人难堪的问题相比，新娘和新郎觉得这项活动更轻松一些。

民间闹房历来有"文闹"和"武闹"之分。文闹习俗充满着欢乐、吉祥的气氛。现在实行的大多是文闹，基本剔除了古代的暴力行为，变得更为文明，闹而不俗，同时花样翻新，滑稽谐趣。婚礼作为人生四大礼仪之一，乃是良辰美景，人们总是群集欢跃，歌舞助兴。在这大喜大庆的日子里，通过闹房来增添欢乐气氛，消除冷清之感。因而文闹又称为"暖房"。

文闹只止于动动嘴巴。如念一些拗口的诗词、歌谣，让新娘学着念，或出上联要新娘接下联等，新娘不能令众人满意就会被罚糖果饼食或酒。有以糖果、喜果抛洒的，成为撒帐的继续；有劝酒、灌酒的，成为合卺的继续……闹新居时往往有个领头人，讲些如意的贺词，如江宁地区，闹房众人向新郎新娘敬酒时唱道："一杯酒来敬新郎，合家幸福喜洋洋；二杯酒来敬新娘，早生贵子状元郎。"一直可以唱到十杯酒。又如在扬州，人们在与新娘开玩笑的同时，都有说辞："摸摸新娘头，金银往家流；摸摸新娘手，数钱用金斗……"人们把闹房说成是"闹发，闹发，不闹不发，越闹越发"。

6 做寿礼

中华民族重敬老、养老之德，为高龄长寿者做寿更是一种极高之敬意的表示。称之为"寿"的生日祝贺，只指一定年龄线以上的贺仪。《庄子·盗跖》有："人，上寿百岁，中寿八十，下寿六十。"此意为60岁以上才可称为"寿"，所以称为做"寿"者必定在60岁以上，尽管后世风纪松懈，做寿年限也时有下降，但一般而言，不会走得太远。再有，即使60岁以上，也非年年祝贺，只在逢"十"整数时才隆重庆贺。所以称为"做寿"的生日贺仪，无论对祝贺者还是对领贺者，都是难逢的大事，人们都隆重而真诚地表达对高寿者的敬意和祝福。

所谓寿，就是寿俞。寿星，古有二义，一指天空的某一区域，约指二十八宿中东方角、亢二宿，因其位于列宿之首，故名寿，这一概念仅用于天文学。一指属于西宫的南极老人星。秦汉时代立祠奉祀的南极老人星，当初的职责是掌管国家命运的长短的，以后才逐渐转化为主管人间的寿命。近代所奉寿星的形象，都是一个白发长须的老翁，拄一根弯弯曲曲的长拐杖，高脑门，头特别长，一副乐哈哈的面孔，叫人可爱又可敬。

做寿，也叫"祝寿"、"拜寿"。一般男从50岁始做寿，也有至59岁，女60岁始做寿，称"男做九，女做十"。后每隔10年做寿一次。对50岁以上的老人生日的祝颂，叫"祝寿"。60岁以上的叫"做十"，视为大庆，较重视。有些地方，40岁不祝寿，因温州方言"40"的谐音同"死日"，故此为了避讳，俗谚云："在世不祝四十，死了不祭四七。"还有一种说法，人逢十是一大关，故提前一年祝寿。驱邪避晦，顺利过关，长命百岁。民间还有"庆九不庆十"的规矩，即做寿不逢十，要提前一年逢九做，50岁的寿辰在49岁的生日做，60岁寿辰在59岁的生月做，以此类推。

旧时在寿礼场合，家属和宾客们向"寿星"行礼祝寿，称为"拜寿"。晚辈、亲朋好友向寿者叩拜，说些"福如东海，寿比南山"、"万寿无疆"之类的吉利话。人们相信这样做后能使老者增寿。平辈拜寿行拱手礼（"作揖"），并祝其长寿，受礼者拱手还礼。晚辈人向长辈拜寿行叩头礼（"磕头"）。"拜寿"完毕，都吃吃面，曰长寿面。在城市，可用切面，也可用索面。但在农村，用索面较多。在温州平阳、苍南等地，

拜　寿

祝寿的长寿面，必须用索面。有的还要特制（自备或亲友馈赠）。要求长3尺，每束须100根以上，盘成塔形，罩以红绿缕纸拉花（俗称"盘络"）。作为寿礼，一定要备双份。

祝寿要送寿礼。亲友送寿礼，一般为金字红烛、红印寿桃、寿酒、寿面、寿联、寿画、寿屏，也有币仪。若是长辈生日，外甥和女婿必须送厚礼。女婿一般除送肉、鸡、鸭以外，必须送福寿糕、寿桃、红烛、切面，还要剪红纸放在礼物上，这叫送"生日面"。在洞头，已出嫁的女儿的寿礼最讲规格，要给寿庆的父母置一身质量较高的衣料，送一对大红烛，还有猪脚、线面、补酒等。在泰顺，风俗特异。寿日送猪蹄，还要送盘碗等厨房用具，并贮布袋五只，表示祝愿五代同居之意；送竹竿一双，表示家庭如竹之兴旺；赠发一束，以表发达之意。还有送寿屏的，也叫寿匾，玻璃镶了，抬了送来，然后高挂客厅。关系特好的朋友或者经济富裕的子女，还送戏庆贺的。20世纪70年代以后，多改为演电影了。

7 入土为安

中国中原的广大地区，在古代时土壤肥沃，人民世代以农业为主业，以土地为生命之本，因此，人死后埋葬于土中，就是使灵魂得到安息的最好办法，所谓"入土为安"遂成为汉族人民的信念。土葬符合汉族人民的生活习惯以及慎终追远的伦理情感。生命是从泥土中来的，然后再回到泥土中去，汉民族的这个观念是根深蒂固的。汉代崇尚黄色，历代帝王都以黄为显贵之色。黄色实为上色，在阴阳五行中，土又居五行之中位，是一个最稳定、最可靠的基础。因此，人死后葬于土中，被认为是使灵魂得到安息的最好办法。土葬符合汉族人民的生活习俗以及"有地则生，无地则死"的传统观念。同时，对于封建制度来说，土葬也是最有条件表现阶级与等级差别的丧葬形式。

因为唯有土葬，才有必要建造并能长久地保存标志死者生前权势和地位的象征物。在等级社会中由于死者身份的不同也分出不同级别和规格的土葬。帝王的陵寝，往往要倾其国力才能完成规模浩大的工程，皇帝以下，依官品的不同，规定不同的占地、坟高和陪葬之类。有了雄伟的墓体、各种墓碑、石人、石兽、华表及其他附属建筑，才能经常在墓前进行各种象征性的活动，既表示对死者的追悼之情，又显示了豪华的排场和满足宗法政治的需要。

挂纸钱

除汉族外，古代匈奴、突厥等也多以土葬为主。土葬通常用棺木。汉族贵族的棺有数重，外层叫"椁"，内层叫"棺"，制作很考究。土葬并不是从来就有的。《孟子·滕文公上》说："盖上世尝有不葬其亲者，其亲死，则举而委之于壑。他日过之，狐狸食之，蝇蚋姑嘬之。其颡有泚，睨而不视。夫泚也，非为人泚，中心达于面目。盖归反虆梩而掩之。"孟子把远古时代由弃尸不理，到有意识地埋葬死者这种转变产生的原因归结为人们对死去亲人的怜悯，这种观点是有一定道理的。从我国的情况看，旧石器时代晚期的山顶洞人已经有意识地把死人埋入土中。稍后一些的新石器时代（如西安半坡村原始部落遗址），人们进一步挖掘土坑集体掩埋尸骨，婴儿的尸体还特别用陶瓷和盆钵装殓，埋在住房附近。这说明土葬的形式在我国古代很早就出现了。

圆　坟

　　由于土葬的历史悠久，所以在人们的观念中，认为死者入土是人的必然归宿，《周礼》说："众生必死，死必归土，此之谓鬼。骨肉毙于下阴为野土，其气发扬于上为昭明。"《韩诗外传》曰："人死曰鬼，鬼者归也。精气归于天，肉归于地。"《礼运》也载："魂气归于天，形魄归于地。"人死了，形体埋于地下，脱离形体的灵魂才可以归于天。土葬与鬼魂观念有密切关系，从新石器时代起一直到现代，人们在埋葬死者时，都要为之随葬大量的物品，包括各种用具、食物、装饰品等。目的是让死者的灵魂在另一个世界生活得更好。如果死者不能入土，灵魂必定游荡于世间，不得一日安宁。因此，也可以说土葬的另一层含义是生者畏惧死者而采取的一种处理死者的方法。

　　葬尸的方向，中原地区基本上都是头向朝西，这主要是基于如下三种认识：第一，认为人死后灵魂要回到原来的老家去，所以头向朝着老家；第二，认为人死和太阳的西落一样，人死如日落；第三，认为西方是一个特殊的鬼蜮世界，人死后必须到那里去生活。

七、岁时节令

　　中国传统的节日给了人们一份浓得难以化开的情，一种经年酿造的醇厚的味，这就是生养我们的"文化之根"。传统的节日，融入丰富文化的意境与象征，并注入了社会现实功能：一是辞旧迎新（不仅仅是春节），打上一个人生的结，是生产与生活的交汇点，连接过去与现在，又分开过去和未来；二是祭祀，缅怀祖宗之德，继承先人之志，融通天地万物，祈盼人生幸福；三是宗亲礼仪往来，安排人生秩序，联络世代亲情，找到个人定位，担负社会责任；四是民间娱乐，扩大社会交往，播撒传统文化，宣泄感情之波，体味生活之乐。

　　据统计，我国56个民族，从古到今的节日大约有1700多个，其中汉族的传统节日有500个左右，少数民族的传统节日共计有1200多个。如蒙古族的那达慕大会，藏族的藏历年，傣族的泼水节，壮族的三月三等。在汉族传统节日中，春节、元宵节、清明节、中秋节被合称为"中国四大传统节日"。

1 何谓"节"

有一个大家都知道的饮食现象，中国人吃的主食，北方为面，南方是米，都是"草"的果实。在传统的社会里，中国人吃的、穿的和用的几乎都取之于植物，对植物有着天然的亲近感。

植物都是有"节"的。节指竹、草木条干间坚实结节的部分。"节，竹约也，竹木不通。"（《玉篇·竹部》）《说文·竹部》云："节，竹节如缠束之状。"节是植物躯干最坚硬的部位，劈柴时最难将其劈开。节也是植物的关键部位，节外才会生枝。植物中"节"的这种特征，影响到中国人对时间的认识。古人认为时间也有"节"，也是一年四季的关键部分。中国人把时间分成两部分，一部分是平常时间，一部分是非常时间。非常时间是一年四季中最"坚硬"的时间，即最难通过的时间，也是最容易"出事"的时间。古代大部分节日都是单日，尤其是单月单日，如一月一日元旦、三月三日上巳节、五月五日端午节、七月七日七夕节、八月十五中秋节、九月九日重阳节等。中国人讲究好事逢（成）双，成双成对为吉利。这些所谓节日并不像后世演化的那么欢天喜地，称"佳节良辰"，而都是些极不吉利的日子，各有所禁忌，非"凶"即"恶"，所以叫"过节"。当两个人交恶时，就是有过节了。

那么如何通过"节"呢？主要有两种过法：一是把煮熟的整鸡等平时吃不到的"荤食"，摆上神龛，供奉给祖先吃，以此祈求祖灵保佑活着的家人平

竹 节

安度过这段凶恶的时间；二是在这段时间里，人们需要采取一些防范措施，以一些行为约束即禁忌来达到避凶的目的。

2 过年：非常时间的非常行为

春节是我国最为隆重的节日，其隆重程度远远超过了西方的圣诞节。汉族民间常把春节叫作"年"，什么叫"年"呢？"年"是时间概念，也是计时单位，在远古社会有不同的叫法。据古书记载：唐虞叫作"载"，是万象更新的意思。夏代叫作"岁"，是表示新年一到，春天就来了。商代叫做"祀"，是表示四时已尽，该编入史册的时候了。直至周代才开始叫作"年"。"年"字原是"稔 (ren 忍)"字的初文，是谷熟丰稔的意思。《谷梁传·宣公十六年》中说："五谷皆熟为有年。""五谷大熟为大有年。"所谓"有年"就是指农业有收成，"大有年"就是农业大丰收。甲骨文中的"年"字是果实丰收的形象。谷禾都是一年一熟，引申一下，就把"年"作为岁名，"稔"的初文，就变成了"年"。可见，"年"原是预祝丰收喜庆的日子。

古人认为春节这一天预兆全年的吉凶祸福，因而禁忌极多，集中体现了人们趋吉避凶、祈求丰收的心理要求。《清嘉录》说："元旦，俗忌扫地、乞火、汲水并针剪，又禁倾秽瀽粪。"忌扫地、倒垃圾，是防止走了财气；忌动刀剪针线，是怕遭凶祸。民间风俗，这一天妇女不能出门拜年和回娘家，小孩不准哭，所有的人都不许说不吉利的话。据《帝京景物略》载，初一五更时不能躺在床上打喷嚏，如实在憋不住，必须赶快爬起来穿上衣服，倘若来不及就已经在床上打了喷嚏，预示一年多病；不能躺在床上聊天；门外有人呼唤不可答应，因为此日清晨在门外呼喊俗谓"呼鬼"；起床后要向长辈、亲友、邻居恭贺新年，说话要讨吉利，忌讳说"丧"、"死"、

"终"、"病"、"穷"、"亏"、"触霉头"等字眼。

除夕是一年最后的一天,为"月穷岁尽之日",所以又叫除岁。在年节中,除夕是去旧迎新的时候。古代人很迷信,尤其惧怕疫疠与恶鬼。在年终到来时,一面欢度佳节,喜庆丰收,一面驱疫疠、除恶鬼,故而把这一夜称为除夕。

古人认为物老则成精,王充《论衡·订鬼》篇就说:"鬼者,老物精也。"而时间到了一个单位的终极,也会同样有祸祟的,所以禁忌繁多。"夏历十二月三十日为除夕,乡民以为是日上界诸神下降,故隆重祭祀,敬鬼神,且禁忌繁多,如忌言鬼、死、杀等不吉字眼,忌打碎碗碟,忌恶声谩语,忌随地便溺及泼污水、灯油于地等。"(郑传寅、张健主编:《中国民俗辞典》)"除夕打破碗盏,次年必遭凶事。""除夕将灯油泼地,家中必多疾病,或有

祭 灶

不利之事。""是夜忌犬吠,谚云:年夜狗弗叫,来年疾病少。""人生暗聋者,是腊月暮之子。腊暮,百鬼聚会,终夜不息,君子斋戒,小人私合阴阳,其子必暗聋。"

除夕宴是一年中最为丰盛的餐饮,俗谓"年夜饭"。中国人为什么要回家过年?因为这是除旧迎新之际,旧的一年即将过去,新的一年即将开始。这是一年新旧交替时期,也是最关键的时期,所以在大年三十年夜饭的餐桌上要说尽吉祥的话,祈求新一年更加美好。

在年夜,瓜果毕至,鱼肉咸集,举家团坐,饮酒辞岁。此时,人们即使没有食欲,也非吃不可,一般都吃一块"鱼头"或"鱼尾",寓意是"头尾都有余"。大多数地区吃鱼不能翻过身来,不然新年出门会遭翻车、翻船之灾。吃饭时不能用汤泡饭,否则年内出门必逢风雨。一般都有讨口

彩的规矩，除了说一些祝福的话外，吃枣要叫"春来早"，柿饼要叫"事事顺"，杏仁叫作"幸福来"，豆腐叫作"全家福"，三鲜菜叫作"三阳开泰"，花生果叫"长生果"，年糕叫"年年高"，甘蔗叫"节节高"。这些吉利话是人们的"除夕功课"，不能不说，否则新年不顺。就餐前需要先祭祖先，请祖灵之前，家庭成员和物品必须齐全，否则就是人不团圆、财不完整。祖灵请来了以后，供桌两旁的座位，任何人不得占用，否则就是与祖先争座位；不得吵闹，更不准骂人，否则就是对祖先不敬；不得把喝剩的茶水泼在地上，否则就是混淆了浇奠与泼水；大祭祖灵时不得高呼小孩的名字，以免大门外无主鬼魂听到后，造成小孩夭折。进餐时是非常忌讳别人来打扰的，这与苗族"踩年饭"的忌讳类似。吃年饭也是苗家最神圣的时刻，全家必须团聚在一起，并排除一切干扰，特别忌讳有人来串门，因为这叫"踩年饭"，会使全家不得安宁。

如今，尽管上面过年期间的大部分禁忌习俗已不再流行了，但是"春节"、"新年"永远是中国人最重要的节日，是对中国人的一种文化身份的认定。而这种对自己文化身份的确定，正是维护一个家庭、一个民族、一个社会、一个国家的情感认同力量。因此，"过年"对于中国人而言具有极其崇高的价值，它的情感作用和社会作用也越来越重要。

3 初一大拜年

拜年是春节中最重要的一项内容，拜年在古代又叫"走春"、"探春"。拜年就是亲戚朋友、邻里乡亲之间相互走访串门，表达贺喜之意，交流亲情友情。拜年一般从家里开始。初一早晨，晚辈起床后，要先向长辈拜年，祝福长辈健康长寿，万事如意。长辈受拜以后，要将事先准备好的"压岁钱"分给晚辈。在给家中长辈拜完年以后，人们外出相遇时也要笑容满面地恭贺新年，互道"恭喜发财"、"四季如意"、"新年快乐"等吉祥的话语，左右邻居或亲朋好友也相互登门拜年。孩子们可能对拜年最感兴趣的是，拜年时长辈们都要给小孩子一份压岁钱。但大人们却是把拜年当成一次重要的礼仪活动，因为中国是一个礼仪之邦，自古就讲究人与人之间的礼节往来。儿女要对父母表达一片孝心，邻里之间要和睦相处，朋友同事要以诚相待，大家的心意都愿意借新年的第一天通过拜年的仪式加以表达。

拜年的习俗已经有了1000多年的历史，宋代的时候，京城的开封府为了给大家提供拜年的方便，从正月初一起，平时关闭的关卡都开放3天。明代的文人在文章里记载了京城拜年的盛景："京师元旦日，上自朝官，下至庶民，往来交错道路者连日，谓之'拜年'。"就是说，到了春节这几天，明代京城的大路上来来往往都是去拜年的人，有的是达官贵人，有的是平民百姓。在过去，拜年非常讲究，在一家人里，应该是晚辈给长辈拜年，平辈之间互相拜年。拜年还讲究亲疏远近，先要近拜，然后再远拜。近拜就是给没有出五服的长辈拜年，然后再给出了五服的长辈以及亲朋好友拜年。过去拜年是要叩头的，后来简化了礼节，改为拱手作揖。有亲友邻里登门拜年时，主人都会热情地搬出茶、酒、食品接待。

春节期间，人们不仅要出门拜年，而且也希望有更多的人上自家来拜年，因为来拜年的人多，带来的福气也多。有的人家还要专门准备一个本子，专门登记客人往来的情况，这个本子就叫"门簿"。门簿还有一个特点，翻开门簿，第一页就已经写好了四位"亲到者"，这四位亲到者是谁呢，第一位叫寿百龄老太爷，住在百岁坊巷；第二位叫富有余老爷，住在元宝街；第三位叫贵无极大人，住在大学士牌楼；第四位叫福照临老爷，住在五福楼。当然这四位亲到者都是想象中的贵人，人们借此要在春节图个吉祥。

因为亲戚朋友太多，一天的时间拜年拜不过来，所以正月初一以后的连续几天都是拜年的时间。

4 应节食品

筵席是中国传统的节日仪式不可缺少的内容，除夕、春节、元宵节要吃"团圆"饭，端午节吃粽子，中秋节吃月饼，冬至吃汤圆，其他繁多小节，如观音节、灶王节、鬼节等等，也要蒸糕、改膳，用吃来纪念先人，用吃来感谢神灵，用吃来调和人际关系，用吃来敦睦亲友、邻里，并且进而推行教化。长期以来，节日饮食及其功能一如既往，并没有多大的改变。

食元宵：农历正月十五为元宵节，也称灯节。这一天，家家户户都食元宵。元宵最初起源于宋朝，那时民间开始流行一种元宵节吃的新奇食品，即用各种果饵做馅，外面用糯米粉搓成球，煮熟后吃起来香甜可口，饶有风味。因为这种糯米球煮在锅里又浮又沉，所以最早叫"浮圆子"，后来有的地区把"浮圆子"改称元宵。宋人陈元靓写的《岁时广记》称它为"圆子"；《乾淳岁时记》称它为"乳糖圆子"；《大明一统赋》称它为"糖圆"；《武林旧事》称它为"团子"。说起汤圆，近代史上还有一个掌故。话说袁世凯称帝遭到举国反对，心虚加嘀咕，手下逢迎者引《巴陵县志》说"圆、元语同，又有完了义"，出馊主意愣说"元宵"谐音"袁消"，乃诅咒之词。袁听信其言，在 1913 年元宵节前，下令"元宵"一律改叫"汤圆"，但这个传说一直未见文字依据。袁世凯垮台后，大部分地区又恢复了"元宵"的名称。

食春饼：传说农历二月初二为龙抬头的日子。二月春回大地，正是农事之始，人们祈望龙能镇住百虫，使农业获得丰收。这一天也是接出嫁的女儿回娘家的日子。女儿被接回娘家后，一般多以"春饼"进行招待。吃春饼的习俗，历史悠久。《明宫史·饮食好尚》记载："立春之前一日，顺天府街东直门外，凡勋戚、内臣、达官、武士……至次日立春之时，无贵贱皆嚼萝卜，名曰'咬春'，互相宴请，吃春饼和菜。"这一习俗，可追溯到晋，而兴于唐。《关中记》说唐人"于立春日作春饼，以春蒿、黄韭、蓼芽包之"，并将它互相赠送，取迎春之意。有记载说，宋代宫廷的荠菜迎春饼是"翠缕红丝、金鸡玉燕、备极精巧，每盘值万钱"。吃春饼谓之"咬春"，这是很时尚的词语。漫长的冬天过去，新鲜的蔬菜上市，大家好容易有了改换口味的机会，谁不想大嚼特嚼，让沉闷多日的

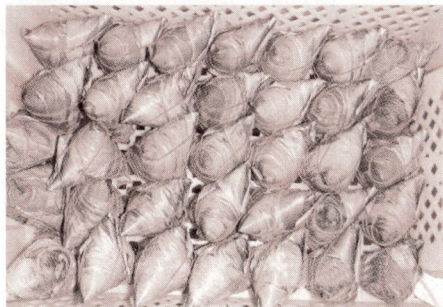

肠胃来个新感觉？为了一饱鲜菜，于是薄饼就派上了用场，用纸样的春饼卷足了"蓼茸蒿笋"，极大地满足了人们尝新的食欲。春饼是一种用白面烙成的双层荷叶形的饼，食用时将其揭开，内面涂上酱，再放进熟肉丝和绿豆芽等春令鲜菜，然后卷成筒状。全家人围坐在一起边吃边聊，更显得其乐融融。春饼是一种大众食品，只是在食用时卷入的菜有档次高低之分。

食粽子：农历五月初五是端午节，俗称"五月节"。粽子，古称角黍，早在公元2世纪时便流行这种食品了。最早是用新竹筒盛米煮成筒粽，

嘉兴粽子

后来才改用楝叶、菰芦叶、竹叶、苇叶裹黏米成尖角心形状，煮熟后食用。据传最早流行于长江、汉水流域，与端午节投粽入江中祭屈原或饲蛟龙的习俗相合，流传为节日食品。最早出现的端午时食大概是西汉的"枭羹"。《史记》中《武帝本纪》注引如淳言："汉使东郡送枭，五月五日为枭羹以赐百官。以恶鸟，故食之。"大概因为制作枭羹的枭不容易捕捉，所以吃枭羹的习俗并没有持

续下来。而粽子是用黍米做的，黍米煮熟置凉水中浸泡，炎热天吃后具有止渴、去热功效，且包裹的菰芦叶、灰汁同样有清凉、败火的药用，所以粽子是古人夏季防暑祛病实践中创造出来的一种应时食品。魏晋时的《续齐谐记》说，食粽子是纪念楚大夫屈原。屈原由于投江后，楚人便以竹筒盛米投入江中祭奠屈原。这一天，家家户户都食用粽子。

食月饼：农历八月十五为中秋节，又称团圆节，俗称"八月节"。这一天人们不但食用月饼，在夜里还要进行祭月、拜月、赏月等活动。月饼，在我国有着悠久的历史。据史料记载，早在殷、周时期，江、浙一带就有一种纪念太师闻仲的边薄心厚的"太师饼"，此乃我国月饼的"始祖"。汉代张骞出使西域时，引进芝麻、胡桃，为月饼的制作增添了辅料，这时便出现了以胡桃仁为馅的圆形饼，名曰"胡饼"。唐代，民间已有从事生产的饼师，京城长安也开始出现糕饼铺。据说，有一年中秋之夜，唐玄宗和杨贵妃赏月吃胡饼时，唐玄宗嫌"胡饼"名字不好听，杨贵妃仰望皎洁的明月，心潮澎湃，随口而出"月饼"，从此"月饼"的名称便在民间逐渐流传开来。此说尽管有些附会，但吃月饼的确与拜月、祭月有关。宋代的文学家周密，在记叙南宋都城临安见闻的《武林旧事》中首次提到"月饼"之名称。对中秋赏月，吃月饼的描述，明代的《西湖游览志会》才有记载："八月十五日谓之中秋，民间以月饼相遗，取团圆之义。"到了清代，关于月饼的记载就多起来了。

食腊八粥：农历十二月初八也叫腊八。据说腊八粥传自印度。佛教的创始者释迦牟尼本是古印度北部迦毗罗卫国（今尼泊尔境内）净饭王的儿子，他见众生受生老病死等痛苦折磨，又不满当时婆罗门的神权统治，舍弃王位，出家修道。初无收获，后经六年苦行，于腊月初八，在菩提树下悟道成佛。在这六年苦行中，每日仅食一麻一米。后人不忘他所受的苦难，于每年腊月初八吃粥以示纪念。"腊八"就成了"佛祖成道纪念日"。腊月初八，我国人民有喝腊八粥的习俗。这一天的凌晨，家家户户都开始熬腊八粥。腊八粥的主要原料有：芸豆、豌豆、小豆、绿豆、大米、小米、玉米渣、高粱米及小枣、花生米、栗子等干果。家庭贫富不一，使用的原料也多寡不等。贫困家庭可少放几样，富裕家庭可多放几样，然后加适量水放火锅内，燃火长时间熬煮成粥。除了熬腊八粥之外，民间还有泡"腊八蒜"的风俗习惯，泡好的腊八蒜是碧绿颜色，就像翡翠一样，再配上醋的颜色，可谓是色味俱佳，在家宴上食用也能增添欢乐气氛。

"腊八节" 喝腊八粥

腊八节在古代称为"腊日"

从先秦起，腊八节都是用来祭祀祖先和神灵，祈求丰收和吉祥的

也叫"七宝五味粥"

宋代 每逢腊八这一天，不论是朝廷、官府、寺院还是黎民百姓家都要做腊八粥

清代 喝腊八粥的风俗更是盛行，在宫廷、皇帝、皇后、皇子等都要向文武大臣、侍从宫女赐腊八粥，并向各个寺院发放米、果等供僧侣食用。在民间，家家户户要做腊八粥，祭祀祖先；同时，合家团聚在一起食用，馈赠亲朋好友

新华社记者 陈琛 编制

食糖瓜：民谣中说："二十三，糖瓜粘。"二十三指的是农历十二月二十三，这一天也称作"小年"。灶糖是一种麦芽糖，黏性很大，把它抽为长条形的糖棍称为"关东糖"，拉制成扁圆形就叫作"糖瓜"。冬天把它放在屋外，因为天气严寒，糖瓜凝固得坚实而里边又有些微小的气泡，吃起来脆甜香酥，别有风味。

食饺子：农历腊月三十（小月为二十九日）为除夕，俗称大年三十儿。三十夜里，子孙们给祖宗和长辈拜过年后，全家聚在一起吃"接神饺子"。有的人家在众多的饺子中只包入一枚硬币，谓吃到硬币者吉祥好运。食饺子已有2600多年历史，儒家经典之一、西汉戴圣编纂的《礼记》，是专门研究秦汉以前多种礼仪的论著，载道："稻米二、肉一，合以为饵，煎之。"西汉时期，都城长安（今西安）就盛行食饺子。不过那时俗称角子，南北朝改称"偃月形馄饨"。三国时期，魏国人张揖所撰《广雅》一书中，做了有关

包饺子

馄饨的记载。北齐时的颜子推也曾著书曰："今之馄饨，形如偃月，天下通食也。"偃月就是现在饺子的形状。到了唐代，饺子更为流行，称之为"扁食"。我国考古工作者，在新疆吐鲁番的唐代墓葬中，发现盛在碗里的饺子和现在的饺子一样。宋代时称"角角"。明刘若愚编的《明宫吏·火集》记载过年吃饺子的情况时说："五更起，饮椒柏酒，吃水点心，即扁食也。或暗包银钱一二于内，得之者卜一岁之吉。"清代的《燕京岁时记》里，也有类似记载。

5 元宵节：普天同庆

正月十五元宵节也称灯节，同时也是中国情人节之一。元宵节是一个浪漫的节日，元宵灯会在传统社会中，也给未婚男女相识提供了一个机会。传统社会的年轻女孩不允许出外自由活动，但是过节却可以结伴出来游玩，元宵节赏花灯正好是一个交谊的机会，未婚男女借着赏花灯也顺便可以为自己物色对象。元宵灯节期间，又是男女青年与情人相会的时机。

传承了2000多年的"闹"元宵是春节后形成的一次全民狂欢。它是所有传统民俗节日中唯一以"闹"（欢乐热闹）为核心内容的，讲究的是走出家门普天同乐。唐宋诗人笔下的"千门开锁万灯明，正月中旬动地京"；"去年元夜时，花市灯如昼。月上柳梢头，人约黄昏后"等，都是反映这种全民狂欢场景的。

元宵燃灯的风俗起自汉朝，到了唐代，赏灯活动更加兴盛，皇宫里、街道上处处挂灯，还要建立高大的灯轮、灯楼和灯树。唐朝大诗人卢照邻曾在《十五夜观灯》中这样描述元宵节燃灯的盛况："接汉疑星落，依楼似月悬。"元宵放灯在风流皇帝唐玄宗和杨贵妃及皇亲国戚们身体力行，互相攀比，争奇斗艳的感染下，发展为盛况空前的灯市。京城"作灯轮高二十丈，衣以锦绮，饰以金银，燃五万盏灯，簇之如花树"。唐玄宗本人则令人做过

高达 150 尺，30 间房大的灯楼。杨
贵妃的二姐，韩夫人所制百枝灯树
高 80 尺，上元夜点之，光明夺目，
百里皆见。是日，万人空巷，人们
到处观灯游乐，彻夜不眠。唐诗人
崔液有诗道："玉漏铜壶且莫催，铁
关金锁彻夜开，谁家见月能闲坐，

红灯笼

何处闻灯不看来，"正是这种盛况的真实描绘。到宋代，帝王们的倡导似乎
更进了一步。为了鼓励人们到御街观灯，朝廷规定，"凡来观灯者赐酒一
杯"，游人不仅大饱眼福，还可得到钦赐御酒的口福，何乐而不为呢？

　　宋代更重视元宵节，唐代的灯会是"上元前后各一日"，宋代又在十六
之后加了两日，灯的样式也更丰富。明代则延长到由初八到十八整整 10
天，这是中国有史以来最长的灯节。到了清代，满族入主中原，宫廷不再
办灯会，民间的灯会却仍然壮观。清代赏灯活动虽然只有 3 天，但是赏灯
活动规模很大，盛况空前，除燃灯之外，还放烟花助兴。

　　直到今天，元宵节真正热闹的时段仍在晚上。在元宵节之前，娘家要接
嫁出去不满一年的女儿回家过节。女儿刚嫁到男方家里，会有诸多的不习
惯，所以第一年要回娘家过年看灯。吃过晚饭，家家户户都会拿出已经准
备好的烟花爆竹，到大街上去放烟花。烟花接二连三，此起彼伏的升到天
空又落下来，漂亮极了。

　　灯谜是元宵灯节派生出来的一种文字游戏，也叫灯虎。"猜灯谜"又叫
"打灯谜"，是元宵节后新增添的一项活动，出现在宋朝。南宋时，首都临
安每逢元宵节时制谜，猜谜的人众多。开始时是好事者把谜语写在纸条上，
贴在五光十色的彩灯上供别人猜。因为谜语能启迪智慧又饶有兴趣，所以
流传过程中深受社会各阶层的欢迎。

　　过元宵节时，各地有吃元宵的习俗。吃汤圆的风俗始于宋代，当时的汤

圆称"浮圆子",亦称"汤圆子"、"乳糖圆子"、"汤丸"、"汤团",生意人则美其名曰:"元宝"。如今,北方叫元宵,南方称汤圆。元宵依馅论,分有馅和无馅两种,有馅元宵又有咸、甜、荤、素之分;按制作方法分,有手中搓制、元宵机制和竹匾水滚等诸种;按粉制区别,则有糯米面、高粱米面等。元宵节食元宵象征全家人团团圆圆,和睦幸福,人们也以此怀念离别的亲人,寄托了对未来生活的美好愿望。

随着时间的推移,元宵节的活动越来越多,不少地方节庆时增加了耍龙灯、耍狮子、踩高跷、划旱船、扭秧歌、打太平鼓等传统民俗表演。这个传承已有2000多年的传统节日,不仅盛行于海峡两岸,就是在海外华人的聚居区也年年欢庆不衰。

6 蕴意丰富的清明节

在二十四节气中,只有清明演化为节日。节气比较客观地反映了一年四季气温、天气和物候景观等的变化,是时令顺序过渡的标志。而节日则呈现特定的民俗内涵和纪念意义。

在万物复苏、大地生机勃勃的春季,最受民间重视的节日就是清明节。按《岁时百问》的说法:"万物生长此时,皆清洁而明净。故谓之清明。"清明时节,正值春耕播种,故有"清明前后,点瓜种豆"、"植树造林,莫过清明"的农谚。明人冯应京《月令广义》卷七《三月令·祭扫墓》中记载:"清明扫祭墓,插竹于冢,挂于楮钱,又曰标柏。盖墓前多种柏树,取古孝子遗义。"农谚中还有"清明不插柳,死后变黄狗"、"清明不插柳,红颜变白首"之说。

清明时节是"生"的季节,阳气上升,万物萌动,可人们却想到了"死",想到了死去的亲人。所以,清明是将生和死结合在一起的节日。"未知死，焉知生"，意识到死亡的存在，思念死去的亲人，人们才会更好地生，生得更加努力和充实。同时，通过到墓地祭拜祖先和死去的亲人，祈求亡灵保佑当年能够获得好收成。而扫墓本身就是亲近大自然的一种行为，是张扬生命力的活动，洋溢着珍爱生命的意味。

扫墓这一习俗本是清明节前一天寒食节的内容，唐玄宗开元二十年（732年）诏令天下，"寒食上墓"。因寒食与清明相接，后来就逐渐传成清明扫墓了。中国的满族、赫哲族、侗族、苗族、瑶族、黎族、水族、京族、羌族等24个少数民族，也都有过清明节习俗。有一些少数民族清明节过得比汉族更隆重、更有味道。壮族对祭扫祖先陵墓十分看重，届时要全家出动，带上五色板、肉、香烛、纸幡等到祖坟去上供，行拜礼。

清明节的一个重要节俗是扫墓祭祖，追怀祖先。而这一节俗和中国民族重视孝道、慎终追远的民族性格直接相连。现在生活节奏加快，"四海为家"的情况增多是人们对清明节的观念日渐淡漠的主要原因；同时，清明节包含的"崇孝敬祖，尊重生命"的核心价值观

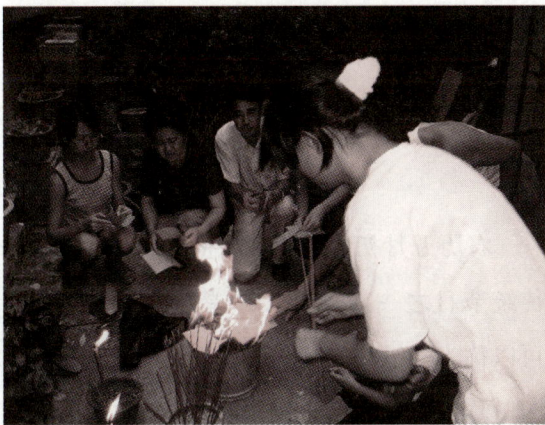

烧 纸

也将失去一个重要的传播平台。我国政府顺应民心，改变了节日放假制度，清明节成为法定假期，使得身居外地的儿孙有时间回老家扫墓。面对日益多元的社会需求，政府采取的积极措施可以提升清明节日的现代意义，让一代一代的人自觉接受这些传统节日中渗透的文化精髓，从而使清明节日所承载的传统道德观念得以延续。

在很多人的印象中，清明节是一个阴郁的"欲断魂"的节日，总是和扫

墓、上坟等祭祀活动联系在一起。其实，清明节作为我国的一个传统节日，无论是其起源还是在其各个历史发展阶段，它都不是一个只带给人们无尽的追思和伤感的时节。这个节日与中国其他的传统节日一样，蕴含着中国民众的和谐观念。清明节的各种习俗实现的是人与自然、人与人，包括今人与前人之间的沟通。扫墓、上坟等祭祀活动实现的自然是今人与前人之间的沟通；清明之时，同祖共宗的亲友借祭祀之机相会，共叙亲情，实现的是人与人之间的沟通；而在大地回春，万物勃发的清明，人们走出家门，到户外进行的各种娱乐活动其实是人与大自然的沟通。在传统社会的清明时节，人们去踏青，玩蹴鞠，放风筝，还有荡秋千。而因为清明时节处处荡秋千，有些地方甚至将"清明节"也叫作"秋千节"。

7 端午节的两大主题

农历五月初五是中国民间的传统节日——端午节，也是中华民族古老的传统节日之一。端午又称端五，端阳。端是"开端"、"初"的意思。初五可以称为端五。农历以地支纪月，正月建寅，二月为卯，顺次至五月为午，因此称五月为午月，"五"与"午"通，"五"又为阳数，故端午又名端五、重五、端阳等。从史籍上看，"端午"二字最早见于晋人周处《风土记》："仲夏端午，烹鹜角黍"。此外，端午节还有许多别称，如：午日节、重五节、五月节、浴兰节、女儿节、诗人节、龙日等等。虽然名称不同，但总体上说，各地人民过节的习俗还是同多于异的。

端午节本来是夏季的一个驱除瘟疫的节日，后来楚国诗人屈原于端午节投江自尽，就变成纪念屈原的节日。后世的端午节，已超越了忌日的单一性，组成了有五色信仰即五彩线及吃粽子、龙舟竞渡、纪念屈原等习俗综合一体的复合型节俗。这些习俗活动宣扬了两大主题，这就是纪念屈原和驱除邪恶。

（1）宣泄爱国主义情怀

求吉、纳祥和避邪，是汉民族传统节日的基本主题。唯有端午节注入了爱国主义精神，反映了民众自古就有的国家意识和民族意识。

屈原是一位热爱祖国的善良诗人，更是人们追求精神自由、社会公正、平等的偶像。司马迁说他"疾王听之不聪也，谗谄之蔽明也，邪曲之害公也，方正之不容也。故忧愁幽思而作'离骚'"。称赞屈原是"推此志也，虽与日月争光可也"。屈原之自溺，绝非他个人的不平和忧愤，而是楚国的悲剧，也是后世国家政治腐败屡屡重演的悲剧。屈原是以自溺抗议"变白以为黑兮，倒上以为下"的政治腐败。人民怀念追悼的正是这位"虽与日月争光可也"的民意代言人。年年过端午，也即人们年年期盼政治清明、国富民安的愿望。

纪念屈原之说最早出自南朝梁代吴均《续齐谐记》和北周宗懔《荆楚岁时记》。吴均在《续齐谐记·五花丝粽》中说："屈原五月五日投汨罗水。楚人哀之。至此日，以竹筒子贮米，投水以祭之。……今世五月五日作粽，并带楝叶五色丝，皆汨罗遗风也。"为什么用五色丝缠粽，吴均有个故事交代，说是汉时长沙有个姓曲的人，路上遇到一个自称三闾大夫的人，对他说谢谢他们年年祭祀自己，只是祭品常被蛟龙吃掉了，以后请他们"以楝叶塞其上，以彩丝缠之，此二物蛟龙所惮。曲依其言，今五月五日做粽并楝叶五花丝遗风也。"《荆楚岁时记》载："五月五日竞渡，俗为屈原投汨罗，曰伤其死，故命舟楫以拯之，舸舟取其轻利谓之下凫，一自以为水军，一自以为水马，州将及士人悉临水观之。"屈原于五月初五自投汨罗江，死后为蛟龙所困，世人哀之，每于此日投五色丝粽子于水中，以驱蛟龙。又传，屈原投汨罗江后，当地百

龙舟竞渡

姓闻讯马上划船捞救，千里行至洞庭湖，终不见屈原的尸体。那时，恰逢雨天，湖面上的小舟一起汇集在岸边的亭子旁。当人们得知是打捞贤臣屈大夫时，再次冒雨出动，争相划进茫茫的洞庭湖。为了寄托哀思，人们荡舟江河之上，此后才逐渐发展成为龙舟竞赛。恰恰由于吃粽子和龙舟竞渡两种习俗与屈原有关，人们为了怀念屈原，才一直沿袭至今。

端午习俗产生的原因，不仅体现了中华儿女对爱国志士的崇敬，也渗透着中华民族源远流长的爱国主义情怀。如今，我们所提倡的以"八荣八耻"为内容的社会主义荣辱观，其中第一条就是"以热爱祖国为荣，以危害祖国为耻"，试想，如果真的有在天之灵的话，屈原当含笑九泉了。

（2）恶月辟邪

自古以来流传着五月为"恶月"、"毒月"之说。民间认为该月毒虫滋生，瘟疫流行，易得病灾，因此形成了许多禁忌。五月盛行不迁居、不糊窗格的禁忌习俗。北京一带民间流传端午日井水有毒之说，故该日禁忌从井中汲水，每户都要在前一日争相汲水，蓄满缸釜。上海一带忌讳称恶，故称善月。

端午节一直流行一些辟邪活动，如插艾蒿和捕蟾。在温州，妇女利用各色小布片拼成状如八卦、木鱼、粽、狮、虎、猪、金鱼等小袋，内装棉絮，男女儿童，用茴香、细辛、白芷、丁香之类药料（后多用樟脑丸），缝入小袋内，下垂彩线，这叫"香袋"。有挂在床帐上，或系于儿童颈部，垂于胸前，是芳香化渴，可以解毒的意思。在温州双屿一带，每逢端午节，农家喜用硬小白纸，写上"白"字倒贴在中堂两边板壁以及灶房、饭堂的壁上。俗语云："'白'字一顶倒，苍蝇柏（粘）勿牢。"意思是说，端午节贴颠倒的"白"字，夏天能避蝇患。在河南一些地方，端午节这天，是孩子们最欢乐的时候。大人给他们戴上五毒肚兜，穿上黄色绣花鞋，手、脚系着五色彩线，脖子上挂着精美漂亮的香囊。人们认为这样做可以防病，戴到端阳正午时，把它扔掉，称谓"扔灾"。

旧时，染指甲这一习俗流行于全国许多地区。端午这天，年轻妇女要摘凤仙花，并将其捣成汁，然后用它涂染指甲，直至指甲染红为止。通常要依据年龄来确定染指的多少，小女孩一般十指均染，年龄稍长者仅染无名指和小指。民间认为，染指可以避邪，又因为染指亦美，所以就形成风气；幼女剪彩叠福，用软帛缝老健人、蒜头、角黍、五毒老虎等，抽作大红朱雄葫芦，小儿佩之，宜夏避恶。

8 中秋节："圆"的美好境界

每年农历八月十五，是传统的中秋佳节。这时是一年秋季的正中，所以被称为中秋。在中国的农历里，一年分为四季，每季又分为孟、仲、季三个部分，因而中秋也称仲秋。八月十五的月亮比其他几个月的满月更圆、更明亮，所以又叫作"月夕"、"八月节"。

（1）祈求美好与祥和

在所有的传统节日中，唯有中秋节远离禁忌和凶恶。尽管中秋的时间也是逢单，但它在尽情宣泄着人间生活的美好与祥和，表达的是祝福的主题。传统过中秋节的方式主要是赏月、拜月、赏桂、观潮、吃月饼，这些活动似乎与鬼怪、邪恶、驱邪都没有关系，只是人们在秋高气爽的圆月之下，在节日的氛围之中，享受着美好的生活。在所有的节日中，中秋节的自然环境、物候景观是最美好的，大自然的美好烘托了中秋节欢快喜庆的气氛。中秋之夜，全家人团圆在一起，团团围坐，遥对皎皎明月，叙说天伦之乐，婆娑桂影，丹桂飘香，此情此景，老老少少心中涌动的是幸福、恬静和欢快之情，这种静静的纯粹的美好时刻在其他节日中是不具有的。

众所周知，中国是一个古老的农业国家。农业的发展与季节有很大关系，而秋季是一个收获的季节，《说文解字》说"秋"为"禾谷熟也"。8月中旬，正是秋粮收割之际，一年汗水抛洒在土地上，收获在即。恰在此时，迎来了中秋节，人们喜悦和满足的心情溢于言表。作为农民，莫大的满足和喜悦就是获得丰收，中秋节与丰收、果实联系在一起，更强化了其美好的主题。本来，清明节也应该拥有同样的美好主题，因为清明时节是"生"的季节，大地生机勃勃，充满生命的活力，人们对美好生活充满期待。可清明节的主要活动是扫墓，"路上行人欲断魂"的悲痛景象势必影响清明踏青的欢乐。

当然，中秋节美好、幸福的文化个性的形成主要是与月亮有关。我国古代人民已经认识到中秋这一天，云稀雾少，秋雨洗尘，此时月光最皎洁、明亮，散发着柔和的光芒，清辉洒满大地，是赏月、拜月和玩月的最佳时间。冬天赏月因繁霜大寒，清冷彻骨，而夏天多雨，云蒸雾蔽，有损月华，闷热异常的气候，也让人们赏月心情全无。唯有秋天空气清爽，赏月时令最佳。"十二度圆皆好看，其中圆极是中秋。"中秋节便成了中国人民非常喜爱的传统节日。在所有的日月星辰中，唯有月亮被赋予了人情味，成为美好事物的象征。和天象有关的节日还有七夕节，但银河成为阻隔牛郎和织女相会的障碍。其他的节日，注重的都是人和人之间的关系，受到儒家文化的影响，唯有中秋节强调了人与自然的关系，抒发了人与自然的和谐与美好。

关于月宫最美丽动人的传说莫过于嫦娥奔月的神话故事。吃了不老药的嫦娥为什么奔向月球，而不是其他星球？月亮满了又缺，亏了又圆，月复一月，年复一年，周而复始，富有生命不死、生命永恒的象征意义。嫦娥奔向月球，正是在寻求生命的永恒，这一目标只有在月球中才能得到实现。"嫦娥"称谓也是这一主题的意义指向。嫦，始为姮，都含永恒之意。《说文》上说："姮，求回也"，表示轮回、循环之意。《说文》："恒，常也。"段注："常当作长。"常、长均可释为长久。《诗》曰："如月之恒。"嫦娥是月神，恒从月而获长久意义。嫦娥奔月神话所展示的拒绝死亡的原始生命观，使得这则神话在后世流传中获得充分仙话化。仙话后的嫦娥奔月神话又增加了捣药的玉兔及砍伐桂树的吴刚。玉兔捣的这种药自然是长生不老药，吴刚是不死的仙人，那桂树也是伐了又长，永远砍不尽。这些后来添加的因素强化了神话原本的生命永恒的主题。所以，月亮成为生命永恒、生命生生不息的象征。生命是美好的，是永无止境的，"但愿人长久，千里共婵娟"。因此，过中秋节，吃月饼，反映了中国人执着的生命信念，表达了中国人对生命永恒的美好向往，歌颂了生命的伟大与永恒。这一带有哲学意味的深刻主题，是其他传统节日所没有的。

和其他传统节日相比，中秋节的文化意蕴具有鲜明的独特性。在中秋期间，人们尽情享受着合家团圆的快乐，人与自然和谐的美好，丰收季节的喜悦以及乐观向上的生命颂歌。这些美好境界凝合在最美的图形——"圆"里面，铸就了中秋节的文化个性。

（2）月饼的馈赠功能

中秋节即将来临之际，卖月饼的食品店渐渐地又热闹起来。不过，节前买月饼的大多不为自己吃，而是为了送人。走在街上，时常可见手提月饼行色匆匆的人，他们十有八九是去履行某种馈赠礼仪。

叩月饼

我国民间节日众多，每个节日都有应节食品。在清明、端午、七夕、重阳、春节等节日馈赠中，月饼大概是历史最短的一种了。而在现在都市，也只有月饼仍充当着馈赠礼物，在亲朋好友之间倒来倒去。

尽管《周礼》已有"中秋夜，迎寒亦如云"的说法，但中秋食月饼习俗却到很晚才出现。在唐代，人们也还仅知"中秋夕，上与贵妃临太液池望月"和在赏月时食一种"玩月羹"。

南宋周密在《武林旧事》中提到的"月饼"还只是一种笼蒸的发面饼，与今日月饼并不一样。至明代时，月饼才成为民间广泛流传，并持以相问以遗的中秋美食。沈榜著《宛署杂记》记明万历年间北京馈赠月饼风俗："八月馈月饼。士庶家俱以是月造面饼相遗，大小不等，呼为'月饼'。市肆至以果为馅，巧名异状，有一饼值数百钱者。"《燕京岁时记》对清代北京同样的风俗有详述："每届中秋，府第朱门皆以月饼果品相馈赠。至十五月圆时，陈瓜果于庭以供月，并祀以毛豆、鸡冠花。是时皓魄当空，彩云初散，传杯洗盏，儿女喧哗，真所谓佳节也。"关于北京供月饼的风俗在《道咸以来风土杂记》、《清稗类钞》及《清朝野史大观》中都有相类似的记载。

人们之所以以月饼为佳节礼品，是因为月饼已成为团圆、喜庆的物化符号，满足了我国人民古已有之的"大团圆"的心理要求。赏月的这一天，千家万户用月饼来供奉和祭祀月亮，圆圆的月饼既象征着月亮，又象征着人间的团圆和美满。它是天、地、人和谐统一的象征，故又被称作"团圆饼"。向亲朋好友、长辈、上级、师长等馈赠月饼，实际上是送上一份最美好的祝福，谁不乐意接受这种祝福呢？

于是，厂商便把月饼当作礼品来生产、出售。对月饼的包装极为精致，达到了艺术的境界。在现今，还没有哪一种食品获得过如此优厚的"待遇"。不过，随着这种待遇的不断提升，月饼本身的味道、质量被其华贵的外表掩盖着，其本身"食"的意义变得无足轻重了。现在在中秋，大概极少人还会产生想吃月饼的强烈欲望，因为在平时也能吃到月饼，而且一般都买得起。那种以中秋月饼来享受口福的时代已一去不复返了。

据调查，如今人们买价钱在300元以上的月饼一般是送礼。一提装饰精美的月饼从这家提到那家，又从那家提到另外一家，等到了人的嘴里肯定已不那么新鲜了。可这月饼的馈赠功能得到了极大的发挥。人们在传递和接受礼品的过程中宣泄着深深的情意，这种情意不正是我们缺少和最需要的吗？

9 重阳节的文化个性

农历九月初九，为传统的重阳节。因为古老的《易经》中把"六"定为阴数，把"九"定为阳数，九月初九，日月并阳，两九相重，故而叫重阳，也叫重九。

（1）回归自然的精神诉求

重阳节的辟邪行为则与其他的节完全不同，据梁朝吴均《续齐谐记》载，东汉年间，汝南（今河南上蔡西南）有一叫费长房的道士，他能知道未来之事。有一次，这个道士预言：他的徒弟桓景，全家二九相重这一天会遭大难。但如果这一天佩戴茱萸，再带着菊花酒躲到高山上去，就可以避开这场灾难。桓景照师傅的话做了。到了晚上，他们全家从躲避的高山上归来，发现牛羊鸡狗果真全部死光了。这个道士闻讯说："这是家畜代桓景全家受了祸。"从这时起就有九月初九登高避邪的风俗。由于重阳节民间有登高的风俗，所以又叫"登高节"。登高野宴一直是重阳节俗的中心内容。

重阳节的辟邪过程是在户外完成的，这与其他所有传统的节日迥然有别。在中国人的空间意识中，"家"是最安全的。除了春节外出拜年、元宵放焰火、端午划龙舟、清明扫墓等必须户外开展的民俗活动以外，几乎所有的节日仪式都是在室内操作完成的。团圆之所以是幸福的，首先是基于全家人聚在"家里"，都感到很平安。而"家里"的外面则是相对不安全的，一旦有人要出家门，亲人们就会一再告诫"注意安全"。重阳节的空间意蕴指向恰恰相反，"家"是不安全的，走出家门，投身大自然才能避免灾难。一年之中，只有重阳这一天，"家"是不安全的。在所有的传统节日中，唯有重阳节宣扬了"家"的不安全意识，唯有重阳节以远离"家"的方式远离禁忌和凶恶。

强调和大自然亲近的还有上巳节，《西京杂记》中说："三月上巳，九月重阳，士女游戏，就此被禊登高。"但上巳节的游春行为主要是为了生育，而不是避祸消灾。重阳在民众生活中成为夏冬交接的时间界标。如果说上巳、寒食是人们度过漫长冬季后出室踏青的春游，那么重阳大约是在秋寒新至、人们即将隐居时的具有仪式意义的秋游，所以古代有上巳"踏青"，重阳"辞青"之说。

上巳踏青，以后逐渐被清明节所替代。清明时节一项重要的民俗活动是扫墓。春季，大地充满生机。人们在"生"的季节里奔向墓地，靠近死亡，与死去的亲人进行对话。重阳节则不同，走出家门，是为了远离死亡。重阳节以死亡的威胁促使人们走出家门，爬山登高，融入大自然的怀抱。而秋季的大自然是硕果累累，山里野果成熟，是农民上山采集的好时机，在民间可称作"小秋收"。或许，这正是登高的最初动因。辟邪传说，只是为登高游览注入了神圣的意蕴。

一年有三十六个九日，何以古人偏重视九月九日呢？溯本求源，与阴阳五行学说有关。重九是一个"阳"字登勤之日，地气上升，天气下降，天地之气交接。在一个相对封闭的室内，人们是难以承受和消化不正之气的。为避免接触不正之气，所以才登高以避邪气。而在户外，气流畅达，尤其在群山之中，更是空气清新，可以远离邪恶之气。重阳节登高被禊，辟邪消灾的习俗活动蕴含回归自然的强烈动机，宣扬了大自然的美好与永恒。大自然是辽阔的，是无限的，而"家"却是暂时的，是不安定的，是存在危机的。这就是重阳节日叙事鲜明的文化个性。

（2）宣泄敬老情怀

中国的节与西方的节有一个很大的不同，西方的节有着鲜明的不同的主题，节日仪式的对象和范围都比较明确，如父亲节、母亲节、情人节、圣诞节、感恩节等，而中国所有传统的节是全民参与，其文化含义大同小异，主要表现为两大主题：祈福和辟邪。

而重阳节与众不同，除了祈福和辟邪之外，还有一个独特的鲜明主题，就是敬老。"重阳节"名称见于记载却在三国时代。据曹丕《九日与钟繇书》中载："岁往月来，忽复九月九日。九为阳数，而日月并应，俗嘉其名，以为宜于长久，故以享宴高会。"九为阳数，又是数中最大者，自然就联想到敬老，养老。另外，在民俗观念中，因为"九九"与"久久"同音，包含有生命长久、健康长寿的寓意。《管子·入国》："一曰老老。"晏子曰："君爱老，治国之本也。"都足见古人对敬老的重视。

重阳登高

中秋已过，步入盛秋，季节变化，即将步入冬季，又引起人们对人生短暂的感叹，多种情感的交集，使得重阳节的焦点集中在老人身上。

前面阐述了"登高"崇尚自然的生命意识。登高受人重视，特别是受老年人重视的另一个原因，是"高"有高寿的寓意，因此人们认为"登高"可以长寿。

敬老是重阳节发展的一条主线，其中的许多习俗都是围绕敬老的主题而展开。在中国，年节习俗运行的主要形式是饮食，重阳节的饮食大都具有延年益寿之隐喻。"菊花酒"、羊肉面和花糕俗称重阳节的"三宝"。此"三宝"共同表达了为老人祝福的美好主题。九九与"久久"谐音，与"酒"也同音，因此派生出九九要喝菊花酒的这一说法。金秋九月，秋菊傲霜，文人将九月称"菊月"，老百姓把菊花称"九花"，由于菊花斗寒的独特品性，所以使得菊花成为生命力的象征。在古人那里有着不寻常的文化意义，认为它是"延寿客"、"不老草"，可使人老而弥坚。吃羊肉面，因"羊"与"阳"谐音，应重阳之典。面要吃白面，"白"是"百"字去掉顶上的"一"，有 100 减 1 为 99 的寓意，以应"九九"之典。京城给 99 岁老人过生日叫"白寿"。花糕的"糕"与"高"同音，又有"步步高升"、"寿高九九"之含义，所以"重阳花糕"成了备受欢迎的节日食品。

1989 年，中国政府把重阳节定为老人节、敬老节。在所有传统节日中，只有重阳节获得如此礼遇。当然，这并非是新的创意，而是重阳节原有意义的延续，但使这一主题更加鲜明而突出，并注入了许多敬老尊老的实质内涵，反映了一种新的社会道德和新的社会风尚，从而使古老的重阳节获得了新的生命。

敬老，作为重阳节的心理和精神层面的核心诉求，不仅是一种行为方式，更是一种思想意识，属于中国传统的优秀美德。概念意识如此突出，在其他汉族传统节日中是绝无仅有的。另外，似乎七夕节蕴含的主题也是个性化的，其仪式行为的目的是乞巧。但乞巧只是一种行为方式，没有进入思想意识的层面。近些年，许多年轻人称七夕为中国的情人节。其实，七夕传统的民俗事象与情人没有任何关系。至今，七夕节向情人节的现代转换并未完成。故而可以说，在中国传统节日中，具有个性化主题的节日只有重阳节。

八、民间游乐

民间游乐是民众自娱自乐的生活方式，是通过人人都参与来共同表现喜怒哀乐，运用自己和他人的技巧而给予在场者乐趣的项目、表演或活动。所有的传统节日都有各种游乐活动，而以春节期间的游乐活动最为丰富。有些娱乐活动不仅见于各种节日节令中，更多的是成为人们日常生活的一部分，比如放风筝，踢毽子。还有一些游戏则有着悠久的历史，比如斗蟋蟀、棋类活动等。乡村与城市、发达地区与落后地区都有着和当地民情风俗、经济发展相适应的娱乐方式。

1 三月三狂欢节

三月三泼水节

民俗文化集中展演的时节、场合，就是民间的狂欢节。在狂欢节期间，人们暂时取消了一切等级关系、特权、规范和禁令，完全沉浸在自由的欢乐之中。民众需要这种狂欢和诙谐，在狂欢中获得各种满足和精神的愉悦。

狂欢大都在春季即农历三月三前后进行，迎合大自然生机勃勃的节律，人们的情绪也开始涌动起来，群体载歌载舞，尽情狂欢，互述衷肠和释放欲望。中国各民族都有自己的歌节，这些歌节各具特色，是当地传统文化的集中体现。壮族的"歌圩"，侗族"花炮会期"，苗族"月半节"、"新年坡会"和"跳香"，瑶族的"歌堂"和"达努节"，仫佬族的"走坡"以及西北各民族的"花儿会"等就是典型代表。

"歌圩"并不是某一民歌的种类，而是指壮族民众在特定的时间、地点举行的各种聚会场合的歌唱活动，为汉语称谓。在广西壮族自治区的85个县、市中，有40个保持着传统的歌圩活动，共有642个歌圩点，大多分布于桂西左右江和红水河流域的河池、百色、南宁地区。民国《上思县志》载："每年春间，值各乡村歌圩期，青年男女，结队联群，趋之若鹜，或聚合于山冈旷野，或麇集于村边，彼此唱山歌为乐，其歌类多男女相谑之词。"在壮语中，各地对歌圩有不同的称谓，德保一带叫"航端"，意即"峒场圩市"；崇左、宁明一带叫"窝坡"，意即"到坡地上去相会"，或"歌

歌圩上盛大的千人竹杠表演 新华社记者 周华 摄

坡"，意即"坡场上会歌"；来宾、横县一带叫"圩逢"，意为"欢乐的圩日"；靖西古时叫"窝岩"，意即"出岩洞相会"；邕宁一带叫"还球"，意即"对歌、赛歌"。

歌圩是以对歌的形式表现出来的，对歌经历了这样一个过程：初会歌——一般礼节性的问候试探；求歌——请求和对方正式对歌；接歌或和歌——被邀请的一方步某一求歌者的韵脚开始唱答，表示接受对方邀请；盘歌——即一般的"对歌"，双方相互的盘问唱答，是接歌后的必经阶段；甜歌——又称"交情歌"，双方经求歌、盘歌后彼此产生爱慕之心，以歌表达内心的情感；信歌——又叫"赠物歌"或"定情歌"，这是男女互赠信物以确定关系而唱的歌；盟歌——男女以歌盟誓，表示互不相负；思歌——定情之后，以歌表达思恋的情怀；别歌——即将离别时，以歌表达依依不舍的感情；约歌——最后阶段以歌相约再会而告别分手。

歌圩的举行从属于岁时农事的民间节日，以年青男女唱歌欢会为主要内容。这是一种"春秋场歌"（《说蛮》），历来有所谓"春歌正月初一，三月初三，秋歌中秋节"（《赤雅》）之说。其实，每年从正月开始至4月间，以及7月至9月间，都陆续有歌圩活动，而以"三月三"举行的最为隆重。

2 北方秧歌闹起来

"秧歌"，顾名思义，乃插秧之歌。秧歌戏本来源于南方，但在发展的过程中，逐渐成为北方民间年节社火中的一种主要形式。方戊昌在光绪十四年（1888年）刊的《牧令经验方》中说："秧歌原是南省种稻插秧农夫所歌，虽俗词俚语，颇有道理。乃北省并不种稻，并不插秧，大兴秧歌，无非淫词亵语，乃为私奔、私约者曲绘情欲。寡妇、处女入耳变心，童男亦凿伤元真，于风俗人心大有关系。"从这段记载来看，秧歌戏在北方的流传已经脱离了原来与南方农事结合的初级形态，形成了在年节社火中受到人们欢迎、与人们的日常生活息息相关，并对其社会思想产生极大影响的民间戏曲艺术形式。

秧歌在北方民间是颇为流行且有特色的，年前便已开始练习和准备了，一过初五以后，人们就开始组织秧歌队到处表演。其中有高脚（跷）、地蝶（以上同称为秧歌）、跑旱船、老汉推车等各种各样的玩意儿。参与表演的都是能歌善舞的民间艺人，他们并不是专门从师学来的，多半是一个一个互相传授下来的。扭秧歌时一般要唱一些庆祝丰年的颂词，如"正月里来正月正，纸糊灯笼挂门前，风吹灯笼滴溜转，风调雨顺太平年。灯笼高，灯笼低，灯笼底下秧歌起，大哥忙把二嫂叫，三嫂抱娃看热闹。我进场子唱一声，婆娘女子都来听，再有一个没来听，格格宁宁害脚痛。进了场子

扭秧歌

唱一声，灯光菩萨在上听，保佑保佑多保佑，保佑今年的好收成"。

此外，秧歌的唱本多是表现日常的工作、生产、家庭生活、男女爱情、迷信习俗等现实方面的东西，特别是男女情爱的方面尤其多。

民众把秧歌戏狂欢性的表演特质表述为"红火"，至今人们仍然把正月唱秧歌的活动叫作"闹红火"。"红火"的主要内涵指的是秧歌颠覆日常生活规范的表现内容和幽默滑稽的表达方式，它们都起到集体欢娱的娱乐效果。

秧歌剧目中的粉词和粉戏是一种狂欢精神的体现，粉戏表现的就是男女私情，其中有大段的性暗示的描述，有对平时忌讳的性行为的戏谑表演和对性禁忌的嘲弄。粉戏和粉词表现出性放纵的特点，这是狂欢生活状态的另一种表现形式，即人际亲昵关系的极点。粉戏和粉词的狂欢性表演，还与社火活动本身具有的祈春的仪式意义有渊源。元宵节过后的二月初二是下一年农忙的起始点，民众会在这个万物复苏的特殊时刻举行迎接新春的仪式，表演与性有关的仪式性舞蹈和象征性的动作，根据交感巫术同类相感的原理以祈求大地的丰饶。

3 欢天喜地逛庙会

旧时，各地庙会之多，庙会对老百姓的吸引力之大，令人叹为观止。

庙会，乡间称为"赶庙会"、"逛庙会"、"赶山"或"赶会"，原为祭奠寺庙神佛而举行的集会，地址一般设在庙会所在地和附近地方。会间往往还要唱大戏，后来渐有商贩加入，形成了祭神、游乐、贸易的"三合一"。新中国成立以后，庙会的祭神逐渐变得无足轻重，而游乐和购物才是庙会的真正内容。庙会为人民娱乐之一，不但借此交易，购置一切物品，且各亲友也多借此机会会面，畅叙衷曲，并可在此时欣赏戏剧、杂技，以开阔心胸，消散郁抑。平时所积蓄的款项，都在此时用来购买一切应用的物品，特别是小孩子尤其喜欢来购买一些玩具。各地庙会举办的时期不同，在京城地区，大都是在新年的正月里，此俗延于今。也有一些地区在6月或9月举行，庙会的内容是大同小异的，即使在民国时期最动荡的岁月里，百姓也会苦中作乐，庙会仍旧举行。每届会期，当地及附近村堡，无论贫富，均会给予子女若干资金，用来购买玩物以及妇女装饰用品；做父母的，也会赴会采办全年衣料以及其他用品。终年所积累的，大多消费在此数日之中。

北京因为是著名国都，有钱又闲的人多一些，他们平日里没有正当的事可做，除了上茶馆便是逛庙会了。隆福寺、护国寺、白塔寺、土地庙，都有庙会举行。每到庙会的日子里，总是人山人海，川流不息。庙会上百货云集，诸如衣服、饮食、古玩、字画、花鸟虫鱼

佛山祖庙庙会

等，还可以看到各样的艺人，真是应有尽有，无所不备。此外还有许多的旧货摊，在这里可以买到一些便宜货。在庙会里还有许多消遣，比如坐台戏、西洋景、说书、魔术、杂技、摔跤等的玩意儿。其中坐台戏，有的搭一个布棚，有的露天摆几个长凳，演的人有的穿一身破戏衣，有的则穿着短裤褂，戴一顶破纱帽，有的还要粘上一挂胡子，样子很滑稽。据时人载："京师隆福寺每月九日百货云集，谓之'庙会'。临清庙会不一而足，如城隍庙则正月、腊月及五月二十八日均有会，五龙宫则三月三日有会，歇马厅则四月初有'接驾会'，碧霞宫则九月初间有会。乡间之会，黎博店在二月中旬，小杨庄在三月下旬。各会之中以西南关之四月会为最大，邻封十数县于初十前后均来赶趁，名曰'进香火'。全市商业社会繁华，所关甚巨，事虽迷信，要以乐利之见端，游艺之一部也。"（《临清县志》第6册）

旧时，北京昌平的关帝庙会很红火，每年农历五月十一至十三举行。北路北侧空地是文娱活动场所，其中有跑马戏的、耍钢叉的、练武术的、拉硬弓的、打弹子的、骑洋车的、耍幡的、摔跤的、变戏法的、拉洋片的、演杂技的、唱落子大鼓书的、数来宝的、说相声的、演双簧的，还有套圈的等。逛庙会在当时是一件大事、喜事，一般人都要刮刮脸、剃剃头，穿双新鞋、换件新衣。尤其是青年妇女，往往还要打扮一番，这更给庙会增

添了不少色彩和喜庆气氛。逛庙会的人一般先里里外外参观一番，顺便购买所需物品，吃风味小吃，品尝各种冷食冷饮，再挤入人群观看各种武术杂耍。最后带着选购的物品，在日落之前，高高兴兴踏上归途。庙会结束，庙宇重新恢复了往日的宁静，而人们又开始盼望下一年的庙会了。

北京昌平龙山庙会会期三天，农历六月十一开始，十三结束。"龙山庙会有时也唱戏和走会。唱戏在面对上寺的山下戏楼。每逢开戏，台下和对面山坡上总是人山人海。因烈日当头，看戏人大都头顶一个草帽，远远望去，就像一片乳白色的蘑菇园，这也是龙山庙会一景。走会一般在十三这天进行。上午 8 时左右，城关开路，五虎棍、高跷及其他各村花会敲锣打鼓，高举彩旗来到下寺门前，先由会头入寺进香，而后依次表演。开路、五虎棍的表演与平日没甚区别，而高跷因这里有两组几十级台阶，又增加跳台阶的表演内容。寺前表演完了，还要再到戏楼前为群众表演一场，才能打着回乡鼓返回。"（刘毅然：《昔日的庙会风情》）

《中华全国风俗志》记山东荣成县的"藤将军会"说："荣成县之东，距城三十里，有成山，山有成山庙，俗称始皇殿。年届阴历六月初五日，附近各村，群趋赛会，名'藤将军会'，演戏五日。远近人士咸来赶会，有玷香者，有售物者……贩夫走卒，奔走喧嚷，大有人山人海之观。"清末民初，荣成境内庙会多达 67 处。1940 年日军侵入荣成，庙会全部停止。改革开放以后又逐步得到恢复，逛庙会成为一些地方的人们不可缺少的游乐形式。

4　瑞狮舞起来

舞瑞狮俗称"耍狮子"，据说是从西域传来的。狮子是文殊菩萨的坐骑，随着佛教传入中国，舞狮子的活动也输入中国。狮子是汉武帝派张骞出使西域后，和孔雀等一同带回的贡品。

每年的春节正月里，家家除了贴对联、门神，燃放爆竹以庆祝新年外，还有一小部分的民众，敲着锣鼓，举着彩旗，有的捧着古式的兵器，很起劲地沿街去舞狮子。一大群的观众们则熙熙攘攘争先恐后地跟随着。这时便可以看到那些平日里难得一见的什么小姐太太，打扮华丽的站

舞　狮

在门前来观赏了。当瑞狮舞到门前的时候，一定要燃起爆竹来欢迎。人们认为瑞狮是驱邪的祥物，它到过门前，那么这年家里都要平安无事了。在爆竹声中舞瑞狮是极其吸引人的。这种狮戏又称为"狮豹"。狮子的制法很简单：用竹篾扎成狮子的形状，外面再用彩纸粘贴，最后披上染麻伪装成狮毛，头、足、干、尾分成几段，内中藏有 2 人（或 3 人），前者站立，双手拿着狮子头，后者佝偻着，在狮子的尾部，跳跃着模仿狮子舞动。演的时候，一般都是两只狮子，另外有一人穿着戏装，举着彩球一样的东西来引耍两只狮子，而两只狮子也必然是踩着鼓乐，舞动着扑向彩球，名曰"狮子滚绣球"。舞后有的地方还要舞拳弄棒，表演一番。

广东人是特别爱舞狮子的，每一个舞狮队中至少有 20 多人，多的可以达到三四十人，每个人都穿着一样的衣服，束着带子。新年那天的开门炮一响，狮队就开始出发到各个人家去表演。其中有多种形式：麟狮，它的人数很多，用的东西也很齐整。所用的乐器有：一副大铜叭，一个响鼓，一个厚铜的锣，演奏起来非常的响亮雄壮。狮子的制法和舞法没什么新意。还有一种舞狮和前面的基本相同，只是狮子头和锣鼓不太一样。狮子头是扁圆形的，直径有两尺长。所用的乐器是一个鼓，两个锣。还有一种狮子头不是很大，且下颌可以活动，在舞狮子的时候，另外还有 4 个人戴着假面具，2 个人扮作猴子，2 个人扮作大头壳，他们随着狮子舞动，做出种种诙谐的动作。

中国民俗简明读本

135

舞狮各地都大同小异，但安徽泾县东乡的舞狮则很特别。泾县东乡是把狮子当成菩萨一类的神来信仰崇拜的，所以舞狮子是一件很隆重的事情。此地的狮子是用形状相近似的斫木块做成狮头，狮身则缀以黄布。内中有2人顶着狮身而舞动，旁边伴以红海公、白海公、判官、娘娘诸神，都戴假面具。红海公、白海公是作为要弄狮子的人，一红面，一白面，都身穿红衣，作种种不伦不类的怪样，引人发笑；娘娘也是白面，穿红衣，骑在狮身上舞；判官则是黑面穿绿袍，只拿支笔站在那里不动。狮子舞到各家门前的时候，如果家中有病人，便将狮子迎入室内，让它巡视一周，以祛除不祥的戾气。这类活动从初一开始直到农历三月初三才结束。各村轮次而舞，有的一日，有的半日，皆有定例。因把狮子当成狮神，所以迎接时一定要吃斋戒，非常诚敬。有意思的是舞狮子的人，虽平日里被他人使唤，但在此月中却仿佛狮子神的化身一样，趾高气扬。

✦5 放烟火爆竹

烟火又名烟花，这多是儿童及年少的人们玩儿的。烟花是以硝黄掺杂其他化学物质进行燃烧，而呈现出各种变幻灿烂的景象。多是一些花草、兰竹

放烟火

等形状，有的更以纸制的人物故事穿插在其中，其种类也是多种多样。有"连升三级"、"金盆闹月"、"蹿天老鼠"、"大小花筒"、"串线牡丹"等。当时的人对此做了较为详尽的记载："'连升三级'是向空斜放，吐出三粒光亮的火焰；'金盆闹月'，腰间扎着一枝扁担式的细竹丝，摆在一个盆子里燃放，它就

会在盆子里转圈，接着升上天空去而熄灭；'蹿天老鼠'，尾端插着一枝竹丝或芦梢，点燃后，它就蹿到天空，现出一条长远的火光；'花筒'摆在地面点燃，它会喷出不同样的火花；'串线牡丹'中心穿有一个小孔，燃放的时候，必须把它串在一条长长的线条上，它会火花迸裂，来去往还在线的轨道上。"在北平的年节娱乐中所玩的烟火能够发出声响的称为"响炮"，直冲云霄的称为"起火"，两者兼而有之的称为"汲浪"，只在地上盘旋往复却没有声音的称为"地老鼠"，它和"金盆闹月"大概是同一类型。而那些穿插着花草人物形状的称为"花"。

除了那些在空中或地上燃烧的美丽烟火外，放鞭炮也是人们必不可少的娱乐活动。鞭炮也称爆竹，它除了祛邪避祟的意义外，更多的是成为人们过年时消遣的对象。放爆竹，俗谓"烧爆象"。古时放爆竹，是用竹子放进火内燃烧，由于竹内空气受热膨胀，便发出"噼噼啪啪"的响声，以

放鞭炮

此避邪驱鬼，祈盼来年吉祥幸福。到了唐宋以后，发时了用火药制成的鞭炮。鞭炮除了串爆外，还有"白坼班炮"、"黄烟"、"菱角仔"、"水老鼠"、"水鸭子"、"夜明珠"、"滴滴金"、"金盘起月"、"小起火"、"小花筒"等。

鞭炮是比较简单的品种，只给人以听觉上的享受，而烟花则不然。烟花的燃放不但给人以听觉上的享受，更重要的是视觉上的娱乐。燃放烟花、爆竹时，一般都在空旷的地方，多人聚在一起，煞是喜庆。

严格地说，中国不是宗教民族，即便是求神拜佛，大多也是出于现实的功利目的，并非发自内心的精神依赖。什么是中国广大民众生活的精神支柱呢？就是坚信新的一年要比旧的一年好。风水轮流转，三十年河东，三十年河西，这是中国老百姓活下去的精神支柱。所以说，新的一年要到

来了，这是最重要的一个时间。正月初一，早晨打开门的第一件事情是放鞭炮，叫作"开门炮仗"。宋代大诗人王安石的《元日》诗是这么写的："爆竹声中一岁除，春风送暖入屠苏。千门万户瞳瞳日，总把新桃换旧符。"爆竹声后，碎红满地，灿若云锦，称为"满堂红"。这时满街瑞气，喜气洋洋。鞭炮声中寄托了全家人对新年的美好祝福，这种情感是人间最美好的情感。尽管现在一些城市为了预防因放鞭炮引起的火灾，禁止燃放鞭炮，但放鞭炮仍是宣泄美好愿望和烘托喜庆气氛的最佳方式，至今没有其他方式可以替代。

6 放风筝送晦气

风筝为民间通俗游戏的一种，每当艳阳高照、风和日丽时，便有那乐于玩耍的孩童和一些有闲工夫的人，寻找一个空旷的地方，引线高放。特别在清明前后及农历八九月间，正是放风筝的大好时节。有的地方甚至认为："在清明节前放之则起，过清明节则不能高起。"（《重修镇原县志》卷5）一般放风筝多在立春之后。清明时节，这时万物新生，景致宜人，空气清新，对人的健康尤其有益。放风筝能够纳清吐浊，将身体内不清洁的气体悉数排出，可说是消除肺胃积热的一种妙法。

风筝又名纸鸢。考风筝之名，颇多由来，按《询刍录》："五代李邺于宫中作纸鸢，引线乘风为戏，后于鸢首以竹为笛，使风入笛，声如筝鸣，故名风筝。"（《重修镇原县志》卷5）另《独醒杂志》："今之风筝，古之纸鸢也。始创于韩淮阴，方是时，陈豨反代，高宜自将证之，淮阴与郗约，从中应，作纸鸢以为期，谋败身戮。而纸鸢之制，今为儿戏，按梁武帝为侯景所围，亦作纸鹞以通外耗，鹞亦鸢类。他鸟飞必鼓翼，鸢则健翮凌风，翼平舒而不动；纸作鸟形，翼不能动，故独以鸢名。今之制，形类繁多，不胜故举，或缚以小弓，风

动弦鸣，声类弹筝，故又名风筝。"（《沧县志》卷12）

　　风筝的类别多样。从体形上分，简单的有大小之别，有的风筝立起来有丈余高，飞在空中需要猛烈的大风，那种拂面轻风是不适宜的。升上空后，巨大的重量，也是需数人才能把握得住，而且普通的麻线是不行的，必须用手指粗的绳子。特别巨大的风筝，则不是单纯的人力所能胜任的，必须要先找一个固定地方，钉上巨桩，装上盘车，把风筝线系在盘车上，待风筝升起后，便绞动盘车来收放其绳。放这样的风筝更是需要多人

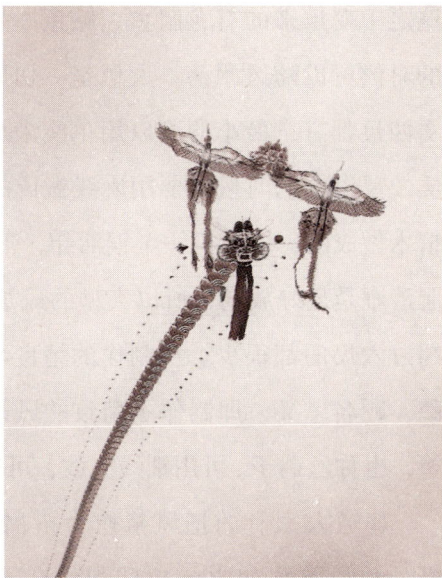

放风筝

之力。但此类风筝并不多见，且笨滞难看。"盖风筝本为一种美化之游戏，非用为角力之具者，虽以多人共戏可以增加兴趣，但终以一人之力能施放为原则，若必以大为胜，即多费力气，且失去优美之重心，殊无所取也。"（王健吾、金铁盒：《风筝谱》）放风筝讲究的是美观，放得高，坚持耐久而不断，所以风筝以精巧为胜，无论它的形状是虫、鱼、鸟、兽，还是花、草、人物，最重要的一点便是美。第一要使风筝的姿态跟真的一样，且生动有趣，其余的像色彩等方面，也要尽量考究，使各个部分都配置得当，看起来令人赏心悦目。这样放入空中自然翱翔上下，栩栩如生，翩翩有致。放的人别有情趣，观看的人也是心驰神往。这样的风筝在微风荡漾中，就可以轻易凌空高飞，直上云霄。

　　从形状上分，有人形、拍子形、蜈蚣形。其他的种类是由这三种繁衍出来的。人形风筝，就是沙雁儿，分为瘦沙雁、肥沙雁两种，形状是上有头，中间是横椭圆形，下有尾（足）。凡和这形式相近的都是由这衍出的。比如

哪吒、钟馗形、老虎形、猫形、蝴蝶形，他们的尾部用的全是硬架子，从这之中变出来的有龙睛鱼、鲇鱼……它们的尾部用的全是软架子，放起来的时候可以随风飘荡。人形是一切风筝的正宗，大小不一，从两三尺到一丈四尺都有，最小的可以用单线来放，风筝越大，用的线便越粗，到了一丈二尺以上的时候，要用麻线做成的圆绳套在特制的工具上。工具是用紫檀木做成的，上面有一个铜活扣，下端有铁头，可以插入地内。普通来讲，肥沙雁是最好放的，所以大型的风筝都是类似肥沙雁的形状。至于瘦沙雁，超过六尺的都很少。从制作的精良与否分，则有粗鹞、细鹞之别。所谓粗鹞，顾名思义，即制作不精致的风筝。所谓细鹞，指的是用细线施放的风筝，也称丝鹞子，可用细线施放，可以想见其重量的轻微，体态的小巧。

普通人家有的把风筝作为拓福之具，在立春之日，父子兄弟一起到野外放风筝，如它一放即起，高入云际，则为吉兆，否则为不吉之兆。所以放风筝极为谨慎，事前得仔细准备，备很多条绳线，好使它高高升起；如果风力过大，风筝挣线而去，则视为大凶之兆，全家一年里都要惴惴不安。但有些地方的风俗与此相反，"又某笔记载，西北各地，民多山居，每届立春之后，春风紧猛之时，每村辍于事前扎一巨大之风筝，其形长方，中间略有凸势，用巨绳百丈，携往山巅，数十人共放之。待风筝上升，愈放愈高，至群力不能胜时，则以刀断缏，任风筝摇曳而逝，名之曰：放灾。谓如此则将合村之灾晦，放诸异地，通年可享太平矣。"（王健吾、金铁盒：《风筝谱》）这种拓福、放灾的习俗并不多见。但在南方特别忌讳风筝落在家中，认为是极不祥的事，其中最遭忌讳的是板门鹞，人们认为此物如果落在家中，是要肇生火灾的，不祥。其次则为人形的风筝，落在家中，以为凭空落下一人，即为凶星入宅，其中如果是女子形状，则尤其不祥，据说主伤亡。对于落入家中的风筝，有的将风筝撕破焚毁，倘若知道放的人为何人，则一定与之交涉，往往发生不愉快的事情。有的甚至点香烛放鞭炮以除不祥。

7 枰声局影

"博弈"一词中，博指六博，即一种掷采行棋角胜的局戏，弈指围棋。《论语》、《孟子》将两者并称，是因为它们都是在"局"和"枰"上进行的游乐活动。《世本》说"乌曹作博"，乌曹乃是夏代著名之能工巧匠。千百年来，博弈更是与人们的生活紧紧相连，从围棋、象棋到马吊、纸牌，一直到各种各样的彩票游戏

仕女弈棋图

……于是中国的历史长河中就这样形成了别具风情的博弈民俗。

棋分围棋、象棋、跳棋、炮棋，又有虎棋、五子棋等。其中围棋、象棋是比较常见的。

围棋，在我国古代称为弈，在整个古代棋类中可以说是棋之鼻祖，相传已有4000多年的历史。据《世本》所言，围棋为尧所造。晋张华在《博物志》中亦说："舜以子商均愚，故作围棋以教之。"尧、舜是传说人物，造围棋之说不可信，但它反映了围棋起源之早。春秋战国时期，围棋已在社会上广泛流传了。《左传·襄公二十五年》有一弈者"举棋不定"的故事，时人用围棋中的术语来比喻政治上的优柔寡断，说明围棋活动在当时社会上已经是人们习见的事物。对于围棋，几千年来一向成为文雅人们赞许的消闲艺术之一，所谓琴棋书画的棋，即专指围棋。我国围棋之制在历史上曾发生过两次重要变化，主要是在于局道的增多。魏晋前后，是第一次发生重要变化的时期。魏邯郸淳的《艺经》上说，魏晋及其以前的"棋局纵

横十七道，合二百八十九道，白、黑棋子各一百五十枚"。唐宋时期，可以视为围棋之制在历史上发生的第二次重大变化时期。唐代"棋待诏"制度的实行，是中国围棋发展史上的一个新标志。所谓棋待诏，就是唐翰林院中专门陪同皇帝下棋的专业棋手。当时，供奉内廷的棋待诏，都是从众多的棋手中经严格考核后入选的。他们都具有一流的棋艺，故有"国手"之称。由于棋待诏制度的实行，扩大了围棋的影响，也提高了棋手的社会地位。这种制度从唐初至南宋延续了500余年，对中国围棋的发展起了很大的推动作用。

象棋，古称"象戏"，是一项历史悠久的棋类活动。战国时期的《楚辞·招魂》一诗中，在描写当时楚国的生活、娱乐时，曾留下了"蔽象棋，有（又）六博些。分曹并进，遒相迫些。成枭而牟，呼五白些"的句子，其所讲的是"象棋"和"六博"两种棋类活动。西汉经学家刘向在《说苑·善说篇》中亦有"燕（通：宴）则斗象棋而舞郑女"的记载，说的是齐国孟尝君喜欢在饮宴之时举行象棋比赛，以增欢乐气氛。可见，远在战国时代，象棋已在贵族阶层中流行开来了。到南北朝，北周武帝亲撰《象经》而使之逐渐向民间流行。象棋经过了周武王提倡后在民间发展很快，到了唐代，下象棋则更为流行，但当时只有"将"、"车"、"马"、"卒"四个兵种，棋盘上也无河界。据有关资料记载，武则天就是一个象棋迷。

象　棋

早期的象棋，棋制由棋、箸、局等三种器具组成。两方行棋，每方六子，分别为：枭、卢、雉、犊、塞（二枚）。棋子用象牙雕刻而成。箸，相当于骰子，在棋之前先要投箸。局，是一种方形的棋盘。比赛时，"投六箸，行六棋"，斗巧斗智，相互进攻逼迫，而置对方于死地。后来，象棋棋盘有的用白布红笔画，有的用皮革在上面描金，简单的便是纸板了。经常是对弈、观弈之人都专心致志，夏不怕伏天，冬不畏寒天。这种棋局常见街头巷尾有摆设的，旧时北京最大众化的还是天桥市场里的棋摊儿。有时甚至邻近公共厕所的地方，挤出一段空地，往往是几只粗陋的长桌配几个三四寸宽的板凳，有趣的是棋盘就安稳地用黑墨粗粗地画在桌面上，既经济又实惠，一个桌上有时可以画五六个棋盘，上面罩有天篷，用来遮蔽日光的直晒，但下雨时便失去了效用，所以叫"雨来散"。玩后无论谁胜谁败，每人都给"棋摊儿"撂下几个铜子，也有的预先讲好要赌胜负，那么便由输家付棋摊钱，但因大家志在消遣，所以赌博的事情比较少见。在我国，象棋的普及率要远远大于围棋，但近几年青少年下象棋的越来越少了。

九、民间艺术

民间艺术是指一个地区传统的民间技艺及表演形式，其作品具有审美的可观赏性和文化价值以及鲜明的地方性特征。民间艺术的种类非常丰富，由民间文学（童谣与童话、传说、神话、寓言故事、谚语与谜语等），民间音乐（歌谣、舞蹈、乐曲、民间小戏、民间说唱、杂技等），民间美术（绘画、建筑、手工、刺绣、剪纸、泥塑、陶器、中国结等）三大类组成，承载着中华民族特有的文化特色和审美观，传递着民族的思想情感与艺术情趣，体现了人类最基本的生活观念和精神品质，具有审美、教育、认识、娱乐等多方面的功能，是中华民族传统文化很重要的一部分，其中蕴藏着丰富的中华民族优秀的文化因子。

1 戏曲的活化石——傩戏

傩戏，又称傩坛戏、傩堂戏、端公戏、变人戏、庆坛戏、梓潼戏、神戏、地戏、师道戏、关索戏、冬冬推、嘎傩、赛戏、队戏等。这是一种戴面具表演的戏剧形式，一般系从傩祭、傩舞活动演变而来，与民间宗教关系密切。它没有弦乐，只有简单的锣鼓家什，表演者本身就是傩坛的巫师。演出活动既有祭扫的意味，又有娱神娱人的功能。

戴面具的傩戏，从一定意义上可以说是面具戏。晚近有些地区的傩戏类型改成了涂面化装，但大部分傩戏仍戴面具。并非所有面具戏都属傩戏，使用面具，固然是古代傩祭的重要组成部分，巫师戴上它才去驱鬼逐疫。不过，发展到后来，面具已不再为傩祭时所专用了。演员戴面具是傩戏表演的基本特征。在中国古代文献中，面具又称为"假面"、"套头"、"假头"、"假首"、"代面"、"大面"等，民间也有"吞口"、"鬼脸"、"面壳"、"脸子"等俗称。面具为人面、兽面造型，或者为由人面、兽面变形而成的兽面、鬼面、神面造型。

各地傩戏的表演形式和名称不同，但傩戏演出均与祭祀仪式交织在一起，发挥着驱逐邪祟、祈愿祝福等娱神娱人的民俗功能。如，贵州土家族的傩堂戏演出与傩坛祭祀融合，分为祭祀、开洞、闭坛三部分。演出前，傩师在堂屋或堂屋外的院坝精心布置傩堂神案。堂屋正面布置竹子编扎的彩楼牌坊，称为"三清殿"，前置一

南丰傩面具

香案，桌上供奉傩公和傩母的木雕头像，摆放令牌、神卦、司刀、玉印、牛角、牌带、马鞍等法物。牌坊正面悬挂"三清图"和"师坛图"。"三清图"是绘在纸上的三轴彩画，画上有众多神灵。"师坛图"是历代傩坛祖师神位图，上书傩坛历代祖师传承表。傩师身着法衣虔诚祭拜"师坛图"，祈求祖师保佐演出圆满成功。演出结束，傩师在"师坛图"前举行谢师仪式；"掌坛师"或跳神唱戏，或占卜问卦，或为祈愿人家通报神祇意旨、祸福吉凶。傩堂戏的表演形式包括歌舞、说唱、戏曲，贵州德江的傩堂戏还夹杂了惊险高难的杂技艺术，如踩刀祭，把若干大钢刀刀刃朝上置于木柱之上排列为楼梯状。祭祀开始，掌坛师赤脚，一边画符念咒，一边从容不迫地走上刀刃，如履平地。"溜铧口"则是把若干铁铧口全部用火烧红，排列在地上，由掌坛师光脚板逐一走过。"翻叉耍"更为惊险，掌坛师向另一个扮演恶鬼的掌坛师的咽喉或胸膛投掷钢叉，而对方则要用单手准确地接住飞来的钢叉。

各地傩戏的表演形式均受到当地其他小戏剧种的影响，如，湖南、湖北的傩堂戏吸收了花鼓戏的表演艺术，四川、贵州的傩戏吸收了花灯戏的艺术成分，江西、安徽的傩戏吸收了徽剧和目连戏的养料。

傩戏流传很广，四川农村、云南山寨、广西桂林、安徽贵池、江西南丰、山西高原、湘西山区、东北森林、西藏寺院，甚至在新疆等地均有傩戏表演。从分布情况看，可划分为四个区域：四川、云南和贵州一带，长江以南的湖南、江西和安徽一带，南方的广西、广东和福建一带，山西、陕西和甘肃一带。

2 光和影的结合——皮影戏

皮影戏属于道具戏。道具戏是用人工制作的装饰物来演饰人物的戏曲表演形式，主要种类有傀儡戏、皮影戏、目连戏和傩戏等。民间道具戏最大的表演动力就是充满了诙谐，道具表现形式亦即掩饰、夸张、变形、扭曲，在装饰物即假面的背后，是对正统的约束和规范的摆脱，是讽刺和嘲弄的尽情释放。让人物变成木偶、皮影和变形的面具，本身就滑稽可笑。

皮影戏是和傀儡戏相接近的地方小戏，不过不以偶像表演，却以偶像之影表演。它是用熟驴皮剪成各种剧里人物，在幕后借着灯光的反映，用人提着来表演各种动作，一切唱白自然都是由人来提供的。影戏的人物诸像制作最初手影，宋代

皮　影

洪迈《夷坚志》三志辛卷3"普照明颠"条说，有一位僧人曾为手影戏占偈："华亭县普照寺僧惠明者……尝遇手影戏者，人请之占颂，即把笔书云：'三尺生绡作戏台，全凭十指逞诙谐。有时明月灯窗下，一笑还从掌握来。'"从中可以了解到，手影戏是用灯将十指影形投射在布幔上表演的。后为纸制，再后改用羊皮或驴皮，故又称皮影戏。

皮影戏大约发端于西汉时期，有一则载入《汉书》的爱情故事予以佐证：汉武帝爱妃李夫人染疾故去，武帝思念心切，神情恍惚，终日不理朝政。大臣李少翁一日出门，路遇孩童手拿布娃娃玩耍，影子倒映于地栩栩如生。李少翁心中一动，用棉帛裁成李夫人影像，涂上色彩，并在手脚处装上木杆。入夜围方帷，张灯烛，恭请皇帝端坐帐中观看。武帝看罢龙颜大悦，就此爱不释手。所以，宋代高承的《事物纪原》断言："由是后有影戏……汉武以下无闻。"据顾颉刚在《中国影戏略史及其现状》的考证，皮

影戏发源地为陕西，春秋两汉到隋唐都以此地最盛行。宋代有关皮影戏的文献记载较多，皮影戏技艺逐渐高超，出现了多种表演形式以及专事演出的皮影戏戏班，是皮影戏的繁盛时期。元、明之后，皮影戏在全国各地传播，逐渐和各地戏剧及风俗技艺结合，形成不同流派和地区特色，基本分为山陕豫皮影戏，河北、北京、东北皮影戏和江南皮影戏三大类别。

入清以来，我国南方的四川、福建、广东、江西等地均流行皮影戏。关于广东潮州的皮影戏，道光时汪鼎《雨菲庵笔记》卷2"蛇虎怪异"条说："潮郡纸影戏亦佳，眉目毕现。"卷3"相术"条说："潮郡城厢纸影戏歌唱彻晓，声达遐迩，深为观察李方赤璋煜之所厌。"光绪年间成书的小说《乾隆游江南》第八回也记载潮州纸影戏的盛况："趁着漆黑关城的时候，两个混入城中，在街上闲着些纸影戏文。府城此戏极多，随处皆有，若遇神诞。走不多远，又见一台，到处热闹。有雇本地戏班者，有京班苏班者。"

在河北滦州（滦县），通常叫作驴皮影戏，已有300年左右的历史，是北方最著名的皮影戏流派。顾颉刚先生认为，滦州皮影应该是明成祖永乐年间由江浙移民带到北京的。（顾颉刚：《中国影戏略史及其现状》）1958年在河北省乐亭县发现的明万历抄本影卷《薄命图》，是滦州皮影最早的剧本之一。滦州皮影最初的乐器只有一个木鱼，念诵剧本称为"宣卷"，说明与讲说佛经有着深刻的渊源。滦州皮影的唱腔综合高腔、京剧和滦州一带的曲艺而有所变化，流传遍及冀东、东北各地，对于评剧也有过一定的影响。

滦州皮影

皮影戏剧目多取材于戏曲、小说、鼓词、弹词以及神话传说故事，既有连台本戏，也有民间小戏。其表演特点与木偶戏相似，即可以表现戏曲无法表现的飞天入地、隐身变形、喷烟吐火、劈山倒海等神奇虚幻、变幻莫测的场景；比木偶戏更便利的是，车船马轿、奇妖怪兽都能上场，还能配以皮影特技操作和声光效果，因此，演出大型神话剧的奇幻场面，非皮影戏莫属。

3 撂地表演

世界上有三种古老的戏曲文化——希腊悲喜剧、印度梵剧、中国戏曲。中国戏曲又有正宗大戏与民间戏曲之分，元杂剧、明清传奇、京剧、粤剧、蒲剧、越剧等属于正宗大戏，占到中国戏曲剧目的 20%，欣赏的人口占中国人口的 10%；而欣赏人口占

大鼓舞

80% 以上的是中国民间戏曲，主要是民间小戏。和地方大戏相比，小戏是民众"闲中扮演"的一种艺术形式，演员以职业或半职业的民间艺人为主，角色主要有"二小"（小旦、小丑）或"三小"（小生、小旦、小丑）；演出时间多集中于农闲时节，没有正规的演出场所，一般是临时搭建简陋的草台——撂地表演。

撂地，是民间艺人在庙会、集市、街头空地上进行卖艺的露天表演形式。宽泛的撂地也包括有些艺人进入茶馆、剧场等室内表演。相对"大戏"而言，民间小戏的观众主要为空间范围有限的当地人，表演是以小集团为基础的。"这一点，既是它们的重要特征，也成为社会的界限。或为家族或为亲戚或为近邻的人们，即互相认识的一些人是这种讲述或上演的社会基

础，也是它们的范围。"（［日］大林太良：《口承文艺与民俗表演》）民间小戏表演现场的这种特点，使之在表演空间的需求方面带有更大的随意性。

最原始的民间小戏表演场所就是一个空旷之地，从场地看，没有"台"上"台"下的区别。表演和观看表演的地方，只有前后之别，没有高低之分，仅仅是在演出的地方画出一个圈来。宋人周密《武林旧事》谈到杭州露天表演小戏的情形时说："或有路歧不入勾栏，只要在宽阔之处作场者，谓之'打野呵'。""路歧"又叫路歧人，宋时为各种演艺人的泛称。路歧人不入勾栏，只是"在宽阔之处作场"，表明在繁华的杭州城也有最原始最简陋的平地戏台。这种最便利的露天表演空间一直延续到现在。1993 年 7 月，日本学者井口淳子在河北滦南县相各庄贝口村考察时，正好有演出。但演出不是在广场进行，而是在个人的家门前放着艺人用的桌子，其家人坐在面向观众排列于桌子周围的椅子上，而观众则挤坐在路中或路旁。（［日］井口淳子：《中国北方农村的口传文化——说唱的书、文本、表演》）家庭自己出钱的"堂会"、"贺会"、"贺号"（贺长寿等喜事的演出）、"还愿"等的演出，多在这样的场地进行。

"草台"是一种最简陋的演剧场所，即在露天广场临时搭建的戏台。据说因顶上铺着一层草编以避遮阳光，所以用了这个名字。不过，有些草台不用草编，而是用篾编铺盖的。草台支架的搭建材料是就地取材，多为杉木和青竹。这是完全开放的真正的民众"不登大雅之堂"的戏台。在广大农村，农民在秋收之后，想轻松轻松，便在河边村旷野处，用竹木、茅草搭建成简陋的戏台，请来戏班连演几天。出于不同的演出目的，草台戏也有不同的名目。明人张采《太仓州志》卷 5 说过："游民四五月间，二麦登场时，醵人金钱，即通衢设高台，集优人演剧，曰'扮台戏'。"清人顾禄《清嘉录》卷 2 写道："二三月间，里豪市侠，搭台旷野，醵钱演剧，男妇聚观，谓之'春台戏'，以祈农祥。"无论是"扮台戏"，还是"春台戏"，目的都是为了祈祷庄稼丰收。

演戏的时候，锣鼓喧天，万头攒动，是农民一年中难得的狂欢节。清汤斌《汤子遗书》对此种场景也有描述："吴下风俗如遇迎神赛会，搭台演戏于田间空旷之地，高搭戏台，哄动远近男妇，群聚往观，举国若狂。""草台"建构了民间狂欢的空间，在这里，民众的情绪可以得到尽情宣泄。

宋代的瓦舍或勾栏应该是"草台"的前身。瓦舍或勾栏其实也都是相当简易的建筑，同贵族与官府的歌台舞榭相比有着天壤之别。瓦舍或勾栏是古代城市里的综合性游艺场，这里既有表演戏剧、曲艺、杂技的场所，也有买卖食品、衣服、药材的店铺。其顶棚也许是用瓦盖成的，所以才叫作"瓦子"。《武林旧事》中提到"南瓦"、"北瓦"、"东瓦"、"中瓦"等等。"瓦子"解决了遮阳和遮雨的问题，但解决不了遮风的问题。甚至观众也可能没有位置可坐。这种表演形式，"在历史上第一次把伎艺和观众作了大规模的、稳定性的聚集，它为在当时尽可能多的人民群众的审美需求，提供了一个宣泄的机会和满足的场所。在这里，能清楚不过地感受到各阶层人民的脉搏和呼吸。"（余秋雨:《中国戏剧文化史述》）宋元时期是一个开发市民社会与文化的重要时期，社会经济和市井与城市的发展，工商业、印刷业的发达，市民娱乐享受要求的提高，促进了以瓦舍为中心的公共说唱场所的开发和扩张。

戏剧表演除了戏园、剧院、游乐场、茶寮中附设外，还有一些场子，如北京的坤书场，为平民化的消遣场所，多在天桥一带。坤书的俗名叫落子，演奏者均为女子，通称鼓姬。所唱的多是大鼓书词、时调小曲、梨花大鼓、

北京花会表演

靠山调及西皮二黄、梆子等。演奏场名为落子馆，后改称坤书馆。

153

在天津也有落子馆，多集中在南市、日界一带，日夜开台。比较特别的是天津的落子馆里来表演的却是妓女，每个园子来唱曲的妓女不下三四十人，其中也有声色俱佳的人。"又择雏妓年龄相若者两人，手持檀板、莲花落、折扇、手帕等物对舞，和以歌声琴声，颇有似乎表情跳舞也者。活泼之地，与各妓之呆立铁栏前者，迥乎有别。"（胡朴安:《中华全国风俗志》）除此之外，天津还有戏园，这是比较多见的，也是日夜开台，均男女合演，只是没有什么名角。不同于北京的是，津埠多用稍加油饰的木凳横行排列，但没有桌子，所用的茶壶等物，就放在座位的前排凳上。而且楼上的包厢，男女可以合坐，楼下则画出舞台的正面为女座，也是北京所没有的。

民国时期，北京天桥一带的茶楼也是戏曲表演的场所。等到上午 10 点以后，街市中正是热闹的时候，这些人便会走出家门，到一些茶楼去娱乐一番。在有的茶楼上还有票友唱戏，这些人并不是科班出身或戏曲学校毕业的，仅仅把它当成一种业余爱好，等到唱得好一点以后，便会经人介绍到茶楼献唱。这种唱戏通常不叫作唱戏而叫作走票，有时也称消遣。

❖4 绘出来的喜庆

民间年画、门神，俗称"喜画"。年画是我国一种特有的绘画体裁，是春节时老百姓张贴在门、窗、墙、灶等处以增添喜庆气氛、祝福新年吉祥的民间工艺品。年画也是中国民间最普及的艺术品之一，成为我国老百姓喜闻乐见的传统艺术形式。每逢新春佳节，家家户户在室内贴年画，户上贴门神，以祝愿新年吉庆，驱邪纳祥，增添节日的喜庆气氛。

年画在历史上有不同的称呼。宋朝叫"纸画"，明朝叫"画贴"，清朝叫"画片"，清朝道光年间，李光庭在文章中写道："扫舍之后，便贴年画，稚子之戏耳。""年画"这一名称才定下来。而且年画的名称也因地方而异。北京叫"画片"、"卫画",浙江叫"花纸",苏州叫"画张",四川叫"斗方",福建叫"神符"。以前年画根据其制作的工艺和时间叫法也不一样。整张大的叫"宫尖",一纸三开的叫"三才"。加工繁复细致的叫"画宫尖"或"画三才"。用金粉描绘的叫"金宫尖"或"金三才"。6月以前制作的产品叫"青版",七八月以后制作的产品叫"秋版"。

年画一般画面线条单纯、色彩鲜明、气氛热烈愉快。中国地域广阔,各地的民俗风情、人文传统都极具地方特色。所以不同产地的年画表现出鲜明的地域文化特征,无论是题材内容、刻印技术,还是艺术风格,都具有自己鲜明的特色。从习惯的体裁、用色、线条及其不同的版味就能识别出其产地。经过长期的发展,天津杨柳青年画、江苏桃花坞年画、山东潍坊苏杨家埠木版年画和四川绵竹年画成为我国年画的著名流派,被誉为中国"年画四大家"。

天津杨柳青年画:古镇杨柳青位于天津城西。杨柳青年画始于元末明初,历史悠久,以其产地而得名。据说当时有一名长于雕刻的民间艺人因避难来到杨柳青镇,为了生存,逢年过节就刻些门神、灶王神兜卖,镇上的人纷纷模仿。而后运河疏通,商客及文人的聚集大大促进了当地年画制作业的发展。过去杨柳青镇及附近村庄多从事年画制作,作坊林立,有"家家会点染,户户善丹青"之说。杨柳青年画的特点是色彩明艳,活泼热闹,画面喜庆,富有表现力,具有浓烈的地方生活气息。杨柳青年画采取木刻套印与人工彩绘相结合的制作方法,先用木版印出线纹,再用彩笔填色,形成了一种既保持着木版年画的木刻韵味,又不失传统手工彩绘风格的特有格调,具有很强的民间艺术韵味。而且同样一幅杨柳青年画坯子,可以分别画成精描细绘的"细活"和粗犷豪放的"粗活",艺术风格迥然相异。

杨柳青年画的题材多种多样,取材内容极为广泛,与人民生活密切关

鲤鱼跳龙门

联。常见的题材有仕女、娃娃、神话传说、戏曲故事。著名的传统年画《连年有余》上娃娃体态丰腴，神采奕奕，非常惹人喜爱。他们手持莲花，怀抱着通红的大鲤鱼，象征着吉祥美好，人丁兴旺，丰盛有余。但有趣的是太平天国时期的年画上见不到这些可爱的娃娃。太平天国信奉拜上帝教，反对个人崇拜，提倡人人平等。因此太平天国时期的年画，内容包括花鸟鱼虫、山水风光，但是没有人物。这就是人们所说的"瘪瓜子——没仁（人）"。杨柳青年画创立了鲜明活泼、喜气吉祥的独特风格，并以感人题材和喜闻乐见的形式受到人们的喜爱，成为新春佳节装饰房屋、烘托节庆气氛不可缺少的民间工艺品。在中国版画史上，杨柳青年画与江苏苏州的桃花坞年画并称为"南桃北柳"。

江苏桃花坞年画：苏州桃花坞的木版年画是江南流传最广、影响最大的一种民间木刻年画。桃花坞位于苏州市北阊门内北城下，风景秀丽，风流才子唐伯虎曾在此建桃花庵别墅，并作《桃花庵歌》。传说最早的年画是唐伯虎作的《风流绝畅图》。苏州年画在明末就已形成独特风格，构图对称，色彩绚丽，富于装饰性，接近民间生活，当时被称为"姑苏版"年画，而且还对日本的"浮世绘"产生相当的影响。

桃花坞年画有门画、中画和屏条等形式。其制作精细，用一版一色的木版套印方法印刷，有的还要经过"描金"、"扫银"、"敷粉"等工序，具有秀雅的江南民间艺术风格。桃花坞年画常以紫红色为主调表现欢乐吉祥的气氛。内容主要为民俗生活、戏曲故事、花鸟蔬果和驱鬼避邪等传统民间题材，流行的有《白蛇传》、《西厢记》、《三美图》、《百子图》、《姑苏万年桥》、《花卉图》、《耕织图》、《大庆丰收年》、《拜月图》、

寿桃百子图

《戏雪图》、《寿字图》等。还有滑稽年画和常识年画，如《老鼠娶亲》、《五鬼闹判》、《百鸟图》、《西湖十八景》等。

年画的销售主要集中在农历腊月。摊贩们在集市上就地摆摊，边唱边卖；也有小贩走街串巷，边走边卖，并通过说唱来吸引顾客。他们一般讲述和年画内容相关的故事，唱词生动有趣，曲调丰富多彩。独具韵味的说唱回荡在街头巷尾，使年节的喜庆气氛越来越浓。

山东潍坊杨家埠年画：杨家埠素以生产木版年画而著称，杨家埠的木版年画至今已有300多年的历史。传说明朝后期有位太监回杨家埠探亲，从宫中带回一幅彩绘门神像，乡亲们见了十分喜欢。当时有个善于雕刻绘画的人，巧妙地把这幅画临摹下来，雕成木版，涂色印制，分发给乡亲们，使大家都贴上了皇宫的门神像。从此，木版年画在杨家埠便盛行起来，并且一度出现"画店百家，画种过千，画版上万"的盛况。杨家埠木版年画初期受到杨柳青年画的影响，在发展过程中形成了自己独特的风格。

杨家埠年画以手工操作并用传统方式制作，艺人首先"朽稿"，即用柳枝木炭条、香灰作画，然后再描线稿反贴在梨木版上雕刻。年画题材广泛，想象丰富，色泽明快，对比强烈，以红、绿、蓝、黄为主，线条粗犷，朴实自然，具有浓厚的乡土气息。杨家埠年画内容主要包括六大类，即年年发财、金玉满堂等大吉大利类，过年、结婚等风俗类，财神、门神等招福

157

辟邪类，八仙过海、三顾茅庐等传说典故类，打拳卖艺、升官图等娱乐讽刺类，三阳开泰、四季花鸟等瑞兽风景类。杨家埠以前卖年画时兴唱小段，流行的唱词有："一进门来苏东坡，坐下韩信问萧何。不是本号不赊账，如今要账太啰唆。赊账如同三结义，要账就像请诸葛。"

四川绵竹年画：四川绵竹地处西陲，过去交通不便，受外来影响较小，年画风格更趋于粗犷古拙，具有浓厚的民族特点和鲜明的地方特色。其色彩强烈明快，红火热烈；线条刚柔结合，自然流畅；构图主次分明，疏密有致；造型夸张诙谐，活泼大方。绵竹年画分为红货和黑货两大类。红货指彩绘年画，包括门画、斗方、画条。门画贴于大门、厅门、房门、灶门之上。画条又分为中堂、条屏、横推、单条等，贴于厅堂、居室、走廊及牲畜圈等处。黑货指以烟墨或朱砂拓印的木版拓片，内容多为花鸟、山水、神像以及名人字画等，多为中堂和条屏。

其他著名年画还包括朱仙镇木版年画、武强年画、佛山年画、凤翔木版年画、滩头木版年画等。年画是中华民族祈福迎新的一种民间工艺品，承载着人民大众对生活的热爱和对未来的美好憧憬。千百年来，年画不仅点缀人们的节日生活，表现了人们乐观向上的情感态度，这种质朴的民间艺术形式还具有文化流通、道德教育、审美传播、信仰传承的功能。

5 剪出最美的图案

剪纸是我国民间工艺的优秀代表。剪纸工艺在中国已有1000多年的悠久历史。新疆吐鲁番出土了我国已发现的最早的剪纸作品，包括墓葬中的《对猴团花》、《对马团花》。这是剪纸用于丧葬习俗中的证据。出土的剪纸造型还有《菊花形团花》、《忍冬纹团花》、《八角形团花》。古时人们还把剪纸花贴在屏风上，或插在妇女头鬓上作为装饰。唐代时，剪纸艺术发展迅

听故事

行唐剪纸

速，民间用剪纸招魂，诗圣杜甫有"剪纸招我魂"的诗句。宋代剪纸得到进一步普及，剪纸的运用范围扩大，在南宋还出现了以剪纸为职业的民间艺人。明朝以后，剪纸中加入吉庆祥瑞的主题纹样，成为重要的居家装饰品。

剪纸的样式有窗花、墙花、门笺、喜花、鞋花、衣袖花、礼花等。窗花是贴在窗户上的剪纸，以镂空透亮为原则。墙花是张贴在墙上的剪纸，贴在炕上的则叫炕围花，比窗花稍大。门笺挂在门楣上，是镂空带流苏的剪纸。喜花用于结婚时，图案文字吉祥喜庆。鞋花是用作鞋面刺绣底样的剪纸，以花鸟鱼虫为主要题材。衣袖花是用于衣服袖口部位刺绣的底样。礼花则是赠送亲友的吉祥剪纸。

剪纸这一传统民间艺术与人们的日常生活紧密相连，渗透到人们生活的各个方面。人们在门窗、衣柜、灶头、炕围、水缸、米缸、供桌、礼馍上都用剪纸装饰。

"二四扫房，二七贴花花。"新春佳节剪"挂钱"、窗花点缀节日。在山西，人们祭灶时要剪灶王爷乘坐的草料搭子。元宵节的花灯也少不了剪纸的装饰，农家还用剪纸祈求风调雨顺。"油门又糊墙，剪花迎新娘"，结婚时剪"囍"字，喜花增添喜庆气氛。祝寿时剪寿花装点寿礼；举行葬礼时剪"岁岁纸"以示哀悼。

五月端午剪五毒花样驱邪避灾，河南

民权剪纸

农村妇女还剪出嘴里叼着蝎子的雄鸡贴在门上，雄鸡下面写着："五月里，五端阳，吃粽子，饮雄黄，金鸡贴在俺门上，蝎子蜈蚣都死光。"以此祈求全家不受五毒之害。还有人剪男女小人以求家庭和睦安宁。

民间还有其他具有特殊用途的剪纸，抓髻娃娃便是其中之一。抓髻娃娃有男性和女性，一般男性抓髻娃娃是头顶单髻，女性抓髻娃娃梳双髻。抓髻娃娃能用于招魂、辟邪、镇宅、祈雨、求子，所以也有不同的称呼，如簸箕娃娃、招魂娃娃等。在我国西北地区，如果某家小孩受了惊吓，家中亲属会剪一个抓髻娃娃，让孩子母亲拿去叫魂，吓跑的灵魂听到妈妈的呼唤就会回到孩子身上。如果有人生病了，家人也会拿着抓髻娃娃在病人身上来回移动，口中还一边念叨："送了头上头上轻，送了身上身上轻，送散了，不见了，病再不犯了。"然后把抓髻娃娃的剪纸拿到十字路口烧掉，这样抓髻娃娃就会把病人身上的病带走。

各地因自然地理、风俗习惯、文化环境的差异，剪纸风格各不相同，剪纸在节日装饰、人生仪礼和巫术宗教所扮演的角色也有差别。南方剪纸、北方剪纸和少数民族剪纸都具有鲜明的地域特色。南方剪纸线条精致流畅，北方剪纸则粗犷浑厚，少数民族的剪纸在艺术夸张和变形方面有独到之处。

6 千丝织成锦

中国传统纺织品中的杰出代表有云锦、蜀锦、宋锦、壮锦、傣锦等。其中，南京的云锦、成都的蜀锦、苏州的宋锦、广西的壮锦并称"中国四大名锦"。

云锦之所以称为"云锦"，是因为它犹如天上的云霞一样绚丽多彩。织造云锦是南京历史上重要的手工生产。南京很早就设立了专门管理织锦的锦署。过去云锦受到宫廷和贵族的推崇，特别是织金夹银的云锦，雍容华貴，金碧辉煌，适合制成皇帝龙袍、皇后凤衣以及嫔妃的服装和宫廷装饰品。云锦因此被指定为皇室御用贡品。元、明、清三代统治者相继在南京设立官办织造局，专门管理云锦的生产。曹雪芹祖上三代曾任清代江宁织造达65年之久。

云锦的织造工艺高超精细。挑花结本是一项基本而重要的工艺。挑花结本工艺仿照古老的结绳记事的方法，把花纹图案色彩转变成计算机程序语言一样的花本，再上机进行织造。具体来说，就是用丝线做经线，用棉线做纬线，对照绘制好的意匠图，挑制成花纹样板"花本"。然后运用"花本"上机，提经织纬织成云锦。照设计稿挑制出来的第一本花本，叫作"祖本"。祖本是供复制的模本，一般不上机使用。利用祖本这个模本，可以复制出无数的花本。根据已有的花本复制出另一花本的工艺，叫作"倒花"。把不完整的花本合并成一个完整的花本，使之具备上机织造的要求，叫作"拼花"。

在清代官办的江宁织局中，云锦织品的纹样设计和挑花结本，是两项专门的技术工种，由技艺高超的匠师专门承担。民间有挑花业，设计纹样和挑花结本。挑花业中技术比较全面的艺人，既会设计花样，又会挑花结本；而有的艺人不会设计花样，只会照设计好的图稿挑花结本。

蜀锦是以四川成都为中心所产的织锦的通称。蜀锦是著名的民间工艺品，在汉代时就已闻名全国，其工艺一直延续至今。蜀锦利用经纬线的规律排列织出彩条或方格图案，纺织时需要用独特的整经工艺。蜀锦已经形成了"雨丝锦"、"方方锦"、"铺地锦"、"浣花锦"、"彩晕锦"等成熟的著名品种。

雨丝锦的锦面用白色和其他色

苗 绣

161

彩的经丝组成，形成色白相间，呈现明亮对比的雨丝状，雨丝条上再饰以各种花纹图案，具有轻快而和谐的韵律感。方方锦是在单一地色上，配以彩色方格，方格内饰以古朴典雅的花纹图案，如梅鹊争春、凤穿牡丹、莲池鸳鸯等。铺地锦又称"锦上添花"，顾名思义，就是在布满几何纹样或细小花纹的缎面上，嵌织富丽堂皇的大朵花卉。浣花锦又称花锦，由古代名锦"落花流水锦"发展而来，以曲水纹、浪花纹与落花组合成图案，古朴典雅。"落花流水锦"传说是唐代卜居成都浣花溪的贵妇人发明设计的，她根据荡漾的溪水设计织锦的花纹，织成的锦又在锦江上游溪水潭内洗涤，故此得名。彩晕锦的织纹明暗匹配，层次分明，并以色晕过渡，独具特色。蜀锦图案繁华、织纹精细、配色典雅，而且质地坚韧耐用，所以经久不衰。

宋锦是具有宋代织锦风格的著名锦缎，因始产于南宋而得名。宋代是宋锦的发展期，明、清所织宋锦称为"仿古宋锦"或"宋式锦"，统称为"宋锦"。因其产地主要在苏州，所以又称为"苏州宋锦"。

相传宋高宗南逃临安，由于迁都丢失了大量装备和装饰物品，急需一些华丽秀美的织锦，用于制作宫廷服装和书画装饰，苏州原本就是丝绸之府，土地肥沃，气候温和，蚕桑发达，盛产丝绸，这时开始大量生产宋锦。宋锦中有细薄织锦40多种，适合用于装裱书画。明代王鏊《姑苏志》载：当时织锦品种有"海马云鹤"、"宝相花"、"方胜"等。后来宋锦图案一度失传，直到清康熙年间，苏州机坊购得宋裱《淳化阁帖》十峡，上面裱有20多种宋锦，苏州古锦才得以恢复生产。

宋锦的品种多样，可分为重锦、细锦、匣锦和小锦四类。重锦和细锦可合称为大锦，所以宋锦又可分为大锦、匣锦和小锦三类，三种宋锦的风格和用途各不相同。精致厚重的大锦用于装帧名贵书画和制作华丽服饰；匣锦、小锦用于一般书画的装裱及工艺品的装潢。

重锦是宋锦中最贵重的品种。织造重锦时，纬线上大量使用捻金线或片金线，并采用几种复杂的织造工艺技术，织成植物花卉纹、龟背纹、盘绦纹、八宝纹等丰富华美的图案。重锦主要用于宫廷里的巨幅挂轴和各类陈设品。北京故宫博物院收藏的清代乾隆彩织重锦"极乐世界"图轴，就是宋锦的极品。宽大的独幅纹样中织有 278 个神态各异的佛像，祥云缭绕，巍峨宫殿，宝池树石，奇花异鸟，充分展现了制造宋锦的高超工艺水平。

壮锦是广西壮族很有民族特色和地方风格的民间传统手工织锦，因为壮族从宋代起也称为僮，所以壮锦又叫作"僮锦"。

壮锦一般以棉线或麻线为经，以彩色绒线为纬，在织物正反面形成对称花纹，纹理清晰，色彩丰富浓艳，布质柔软而厚重，也被称为"绒花被"，适合做衣裙、台布、壁挂、挎包、围裙等的面料。壮锦有回纹、水纹、云纹、同心圆纹、二龙戏珠、花卉、动物等各种纹样。其中，凤的图案最受欢迎，有"十件壮锦九件凤，活似凤从锦中出"的说法。壮族人民喜爱凤凰，把凤凰视为吉祥的象征。

美丽的壮锦有一个美丽的传说，据说宋代有一名壮族姑娘叫达尼妹，她看到蜘蛛网上悬挂着露珠，太阳出来时，阳光照耀着露珠，发出闪烁的光彩，达尼妹灵机一动，便用五光十色的丝线为纬，用原色细纱为经，纺织成色彩斑斓的壮锦。

十、民间信仰与禁忌

民间信仰属于民间意识形态，包括信仰、仪式和象征三个不可分开的体系。民间信仰是指民众在自然的生活形态中形成的对具有超自然力的物象的信奉与祭拜，范围涉及原始信仰在民间的传承、人为宗教的世俗化、民间普遍的俗信以及民众的巫术行为。信仰民俗，因民族、国度或区域群体的不同而呈现不同的色彩。中国信仰民俗，无论是在内容或形式上都呈现出鲜明的中国特色。如"十三"在西方是不吉利的数字，可在中国，除了受西化影响的上海，视疯疯癫癫、不知自重的人为"十三点"外，其他地区，在旧时对十三这个数非但不忌讳，似乎还是有吉祥味在内。代表中国儒学之大成的集子，不多不少，刚好十三部，世称"十三经"。"十三经注疏"则是历代大儒替"圣贤立言"的又一集大成者。它是历代文人必读的中国"圣经"。明代帝王在京都附近修建的陵墓刚好十三座，时称"十三陵"。古代划分天下行政区域，史称十三州，十三刺史部、十三布政使司也不绝于书。日本现代民俗学的鼻祖柳田国男先生为此称信仰民俗为"土著者的学问"，是颇有见地的。

❖1 万物有灵

神灵信仰最初的对象是大自然，在"万物有灵观"的作用下，原始初民认为天地日月山川河流，风雨雷电，皆有神灵，如雷公电母。一些地方至今供奉着天地爷。天地爷神像两边贴上对联："天高悬日月，地厚载山河"，横批是天地神位。下边置供桌、放香斗、摆供品，焚香点烛而祀。在男女婚礼时，新郎新娘要大礼祭拜，俗称拜天地。泰山之神东岳大帝、河神河伯等都与大自然崇拜有关。

中国祖先很早就有对日月星辰、风雨雷电诸天象和江河大海，山石林原诸大地自然物的尊崇信仰祭祀活动。对"天"的抽象和信仰是在对实体"日"的信仰基础上发展过来的。原始心意信仰最初出现的是对日神的崇敬。《尚书·尧典》中有"宾日"于东，"饯日"于西的拜日风俗记载。《礼记·月令》则进一步将此俗信礼仪化，"立春之日，天子亲帅三公、九卿、诸侯、大夫，以迎春于东郊"。立夏、立秋、立冬之日，也都有迎日于南、西、北郊的信仰礼俗。对月和星辰的崇祀，我国古代也很普遍。古代神话传说中月精蟾蜍或白兔、月仙嫦娥、力士吴刚、边砍边长不死的桂花树以及拜月、看月华等习俗信仰在民间广泛流传。牛郎、织女二星神话及七夕、乞巧习俗信仰也是自古以来家喻户晓。《说文》中有"万物之精，上列为星"的说法，民间则有"天上一颗星，地上一口丁"的俗信。对"本命星"、"当年星"的祭祀崇信以及"二十八星宿"观念也普遍流行。

在原始初民眼中，孕育万物、毁灭万物的大地具有神奇的力量，故崇敬，祭献之。东汉班固的《白虎通义》对此还做了专门的说明："地载万物者，释地所以得神之由也。"大地神与一般的天地神在人们的尊崇中还有一种殊荣，即自汉以来，人们尊称地神为"地母"或"地媪"，为赐人类以万物的女神，祀礼中亲如母亲。

水火无情，人们对水火的崇拜由来已久。中国祭山有五岳，祀水有四渎，四渎即"江、河、淮、济"四条江河。《礼记·王制》："天子祭天下名山大川，五岳视三公，四渎视诸侯。"据说自周以后，独流大海的四渎：长江、黄河、淮河、济水成为河流崇拜的主要对象和象征。火崇祀属自然崇祀，论属性，当是自然物体。祝融或灶神都似乎已是自然神人格化的产物，都是后起的。因而有一种意见认为，元宵节的前身，点火似是火崇祀的雏形，元宵节是后来的衍化。由此推及西南少数民族的"火把节"，恐也是由此而来的。在西南少数民族地区，人们对家中火塘的尊敬和禁忌，也含有

挂祈福牌

火崇祀的遗迹。（陈勤建：《中国民俗》）

除此之外，民间以为居住空间的所有角落都有神灵存在。灶有灶神，门有门神，床有床神（床公床母），井有井神等，不一而足。人们最热衷祭祀的是与他们生活有直接关联的俗神，主要有城隍神、财神、福禄寿三星、天后、保生大帝、雨仙爷、公婆神、注生娘娘、珍珠娘娘以及各行各业的行业神。民间神祇众多，具有多教合一，多神崇拜的特点。

中国民间的神灵大多是俗神。所谓民间俗神信仰，指的是民间崇祀的各路神祇，包括正统的佛道神祇，还包括许多对本地政治、经济、社会发展或宗族繁衍有功的历史人物，他们死后受人民尊崇而被奉为"王爷"、"祖佛"等，成为一村一里或一族一姓之"保境王爷"、"保境佛"等。历史上或地方上传说的一些英雄，往往通过各种神化的手段上升为神灵，岳飞、关羽和妈祖属于此类。各行各业都有保护神，即行业神。鬼则是神灵中最低级的。阴

间是鬼的居所，并构筑了一套相当完整的管理机构——地藏、城隍、阎王、判官、牛头、马面、无常、小鬼、孟婆等，实际是阳间权力机构体系的模仿。

2 俗信"三爷"

在所有神灵中，和人们生活关系最为密切的是灶王爷、土地爷和城隍爷。

灶神起源甚早，商朝已开始在民间供奉。秦汉以前更被列为主要的五祀之一，和门神、井神、厕神和中溜神（古时房屋坐北朝南，门向南开，而偏近于东，西南角则为隐深之处，尊者居之，中溜神即在此处祭之）五位神灵共同负责一家人的平安。俗语有"男不拜月，女不祭灶"的说法。有的地方，女人是不祭灶的，据说，灶王爷长得像个小白脸，怕女的祭灶，有"男女之嫌"。传说灶王爷是玉皇大帝封的"九天东厨司命灶王府君"，负责管理各家的灶火，被作为一家的保护神而受到崇拜。灶王龛大都设在灶房的北面或东面，中间供上灶王爷的神像。没有灶王龛的人家，也有将神像直接贴在墙上的。有的神像只画灶王爷一人，有的则有男女两人，女神被称为"灶王奶奶"，这大概是模仿人间夫妇的形象。灶王爷像上大都还印有这一年的日历，上书"东厨司命主"、"人间监察神"、"一家之主"等文字，以表明灶神的地位。两旁贴上"上天言好事，下界保平安"的对联，以保佑全家老小的平安。腊月二十三这一天的晚上，灶王爷要升

灶君神位

天，将这一家人一年里做的善事和恶事一一向玉皇大帝汇报，如果做的恶事太多，玉皇大帝会在大年三十的晚上下到人间对你进行惩罚，或者将来年的吉事凶事重新划分，给你多增加几件凶事。人们不得不在灶王爷升天以前，将好吃的好喝的给灶王爷敬上，让他上天言好事。有的人甚至还给灶王爷的嘴上抹着蜜，目的是不想让他在玉皇大帝面前说坏话。

土地神

在中国的"神鬼世界"中，土地爷算是众神中末等的"芝麻官"，是城市中的街坊和乡间村落的守护神。土地之神源于远古人民对土地的崇拜，最初取名为"社神"。"社"的本意为"禾土"——祭祀土地。古人曰：社者，土地之神，能生五谷。祭社之举，古人认为是为了"神地"、"亲地"和"美报"。《礼记·郊特牲》说："社祭土。""社所以神地之道也"。地载万物，天垂象，取材于地，取法于天，是以尊天而亲地也。故教民美报焉。土地神虽然官不大，但管的事却不少。辖区内凡婚丧喜事、天灾人祸、鸡鸣狗盗之事都要插一手，而且土地神一副慈祥老翁的模样，与人较为亲近，所以人们喜欢向他吐露心声，向他祈愿。如《集说诠真》中所说："今之土地祠，几遍城乡镇市，其中塑像，或如鹤发鸡皮之老叟。或如苍髯赤面之武夫……但俱称土地公公。或祈年丰，或祷时雨，供香烛，焚楮帛，纷纷膜拜，必敬必诚。"所以，小小的土地庙往往香火很旺。因为民间相信"县官不如现管"，"土地不松口，毛狗不敢咬鸡"，"土产无多，生一物栽培一物；地方不大，住几家保佑几家"。旧时有些地方，生下孩子的第一件事是提着酒到土地庙"报户口"。死了人的第一件事是到土地庙"报丧"，因为死的鬼魂要由土地神送往城隍府。供奉土地爷的土地庙大多比较简陋。一些大庙中间也有在殿堂中设有当方土地爷位者。土地爷的神诞之日是二月初二。旧时，官府和百姓都到土地庙烧香奉祀。现在一些地方初一、月半到土地庙烧香的依然十分普遍。

城隍爷是城市的保护神，原属自然崇拜诸神之一的水庸神。中国古代称有水的城堑为"隍"。《陔余·丛考》卷35称："水则隍也，庸则城也。"故城隍是由"水庸"衍化而来，由最初的护城沟渠水庸神，而成为城市

城隍庙

守护神——城隍神。造城是为了保护城里人的安全，所以修建了高大的城墙、城楼、城门以及挖了城壕、护城河。古人认为，凡与人们日常生活有关的事务皆有神在。而且"功施于民则祀之，能御灾悍患则祀之"。城池与百姓生活有密切关系，有大功于民，当然得有个城神——城隍来护佑百姓。最早载入史册的城隍庙，是三国时吴国赤乌二年（239年）修建的芜湖城隍庙。早在周代就已开始祭祀"水墉"神，水墉神被认为是城隍神的原形。至少在南北朝时期，民间已经为城隍神立庙供奉。自南北朝以后，"城隍神"一词屡显官编史书。至明代，城隍信仰可谓是登峰造极，有人统计，明代全国有城隍庙1472所，也就是说当时在每一座中国城市中都至少有一座城隍庙，城隍神也被列入国家祭祀神灵范围。历代统治者逐步封城隍王爵等级，并逐步扩大其神职，从守御城池，保护治安，到水旱凶吉，惩恶扬善、科名升迁，都归城隍管理，成为地方最高阴间城系统治者。

据说，"灶王爷、土地爷和城隍爷三者之间并非鸡犬之声相闻、老死不相往来，而是灶王爷监视一家之人的善恶行为，并写出书面材料，交给土地爷，由土地爷加以整理，上报县城隍爷，县城隍爷上报都城隍爷，都城隍爷上报东岳大帝（即阎王爷），东岳大帝上报玉皇大帝。瞧，多么井然有序的一个神灵世界！在这个冥冥世界中，土地爷如果表现得非常好，则可被提升为县城隍爷，以此类推，县城隍爷可被提升为都城隍爷，都城隍爷可升任东岳大帝……"（郝铁川：《中国民间神研究》）

3 麒麟送子

在古代，中国是一个重男轻女的社会，家族香火的延续和血脉的传承主要靠男孩，因此，祈求生男孩的仪式活动极为普遍。

金花庙

中国古代许多地方都建有娘娘庙，供奉的主要有送子观音、碧霞元君、送子张仙、临水夫人和注生娘娘、金花夫人等。不育妇女或仅生女而不生男的妇女，为了求孕求男，都会去庙里祈求这些神娘娘。在娘娘座前，磕头烧香，祈祷布施。譬如，观音座前的案上往往放着许多泥娃娃，或坐或爬，皆男性，有男根。求生男的妇女首先在祈祷时一定要讲清楚是要男孩，祷词一般为："祈求一男，倘遂所愿，以许愿。"之后，用一根红线拴住泥娃娃的脖子，号称"拴娃娃"。再揣在怀里，默念"儿子，跟妈妈回家"，头也不回直奔家中。到家后把泥娃娃的阴茎取下来，用水吞服，再用泥土把"鸡巴"补上，藏于卧室。俗以为如此这般就一定能生男孩。

　　除了这些娘娘以外，民间以为能给人间祈求子嗣者带来吉祥如意的还有"麒麟送子"。麒麟，古代传说中的一种动物，状如鹿，牛尾，独角，全身长鳞甲，是一种吉祥的象征。《礼记·礼运》："麟凤龟蛇，谓之四灵。"民间相信麒麟主司送子，不育妇女多拜之，挂其图，起其名，祈求吉祥、多子。

　　民间也视麒麟是吉祥如意的象征。在江南地区，每逢春节，人们便抬着用竹骨纸扎的麒麟，配上锣鼓伴奏，依次到各家门前演唱，以示祝贺，俗叫"麒麟唱"。但麒麟的主要责任是送子。每年春节，民间有张贴《麒麟送子》的年画和举行"麒麟送子"的习俗。前者画面主题突出，描绘生动有趣。画面正中为一匹龙头、狮尾、鹿身、细腿、马足、全身披鳞甲的麒麟，背上驮着一个手抱莲蓬的儿童，寓"连生贵子"之意。后面跟随送子的女子，穿戴华贵，温柔可爱。背景则是祥云缭绕，充满着"天赐贵子"的喜庆吉祥气氛。后者是在春节时，送纸扎麒麟（下巴上有许多胡须）。上门演唱时，那些未生孩子的妇女或者才过门的小媳妇，往往被一些大嫂们，连抱带拽地把她们推到"麒麟"面前拽胡子。据说是拽一根就能生一子，拽两根就能生双胎。在戏要麒麟时，旁边则有人唱着"早生贵子早得福"、"寿比南山不老松"等一类吉利话。唱完，每家都给钱致谢。（惠西成、石子：《中国民俗大观》）

　　关于"麒麟送子"习俗产生的源流，民间有这样一则传说：古代有位画师，老而无子。画师偏爱画麒麟，屋里挂满他所画的各种稀奇古怪的麒麟。有天晚上，他突然看到一匹金光闪闪的麒麟，身上驮着一个小孩子，朝着他走来。画师一高兴，笑醒了，原来是场梦。第二年，他老伴便得一"老来子"，生下后，聪明绝顶，6岁就能赋诗作画，人们称这孩子为"麒麟童"。于是，"麒麟送子"这一习俗，就在民间广泛传开了。

　　上面的传说显然是一种附会，其实，麒麟作为人们幻想、神化和美化了的"灵物"，主要是历代统治者因心理和政治上的需要，并借此歌颂盛世，粉饰太平。历史上的"西狩获麟"故事，是个典型的例子。在《春秋》中记载：哀公十四年春天，在西部狩猎，捕获麒麟。此事被孔子知晓，十分哀伤，他流泪悲叹周王室注定要衰亡。因为古代认为麒麟是给人们带来吉祥的瑞兽，它被射死捕获则被视为是凶兆，也是王室将亡的预兆。因此，孔子就中断了他的《春秋》的写作，后由其弟子续成。因此，后人称《春秋》为《麟经》，也称《麟史》。从这里可以看出，那时对麒麟的信仰已经很深了。

至于麒麟何以能送子，则有其他原因。《论衡》云："麒麟，兽之圣也。""兽"与"寿"谐音，因此，麒麟寓意福寿。而《礼记·乡饮酒义》说："产万物者，圣也。"作为"圣兽"的麒麟既能"产万物"，而"圣"又与"生"同音谐意，因而，人们也就视它为能送子。古时，嫁女多在春天。麒麟有挈茸报春的本领，给人们送来春天，带来子孙的繁衍，这样"麒麟送滋"就被人们深信不疑。由于"滋"、"挈"、"子"互通，在流传的过程中，为使含意更为鲜明，就逐渐改称"麒麟送子"了。

4 五福临门

"五福"在《尚书》中指长寿、富贵、健康安宁、遵行美德和高寿善终。后世民间则把福、禄、寿、喜、财称为五福，这些是人生中的最为普遍的美好追求。根据中国汉字谐音取意的特点，因为蝙蝠的"蝠"与"福"同音，人们便用五只蝙蝠来比喻五福。中国民间有《五福和合》的吉祥图，图上五只蝙蝠一齐飞进一个带盖的圆盒内，"盒"与"和"、"合"同音双关，这幅图表达了五福齐到、家庭和谐幸福的寓意。有名的杨柳青年画《五福临门》画了五个朝服天官各拿着一道圣旨，上绘蝙蝠，它象征了天降五福于门前，饱含祥瑞吉庆之意。

五福各有神灵掌管，分别为福神、禄神、寿神、喜神和财神。中国民

间多认为三官中的天官是福神。道教
中的三官是指天官、地官和水官，道
教中有天官赐福、地官赦罪、水官解
厄的说法。中国民间天官赐福信仰很
普遍，人们敬奉天官，祈求天官赐
福。所以"天官赐福"的吉祥图或年
画也很常见。图上画着慈祥和气的天
官抱着如意，五个童子各捧吉祥物围

五福堂

绕在他身旁，或者天官抱着五个童子，童子手中分别捧着石榴、仙桃、佛
手、梅花和吉庆花灯。图画寓意福星高照、吉祥富贵。也有把天官画成身
穿大红袍的一品官员，手中拿着展开的"天官赐福"诰命，上面有蝙蝠从
天飞来，意指上天降福人间。人们喜
欢把"福"字倒着贴。传说有一个人
在春节贴"福"字时不小心贴倒了，
头朝上底朝下，过路的人看了便说：
"福倒了，福倒了。"因"福倒了"与
"福到了"谐音，人们认为这是个好
彩头，都纷纷效仿，倒贴"福"字。

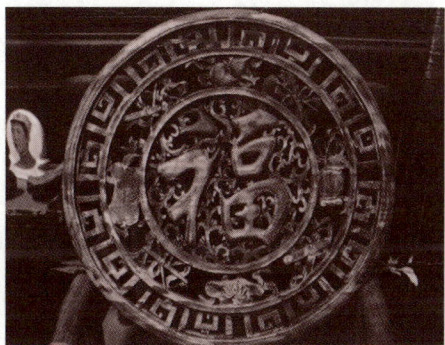

福 字

　　禄是指官职禄位。禄神是掌管
文运官运、功名利禄的神灵。古代做官和科举考试直接相关，科举考试又与
文人读书写文章直接相关，所以禄神不但受到官场人士的敬奉，也受到崇尚
文化的老百姓的喜爱，成为民间的吉祥神，也称为文神。禄神与福神、寿神
一起在中国民间受到尊奉。民间也有把禄神当作送子之神的，民间戏曲便有
"禄星送子下祥云"的唱词。因为"鹿"与"禄"谐音，在中国的年画、风俗
画和吉祥画中一般用"鹿"来象征"禄"。如"福禄寿三星图"中便是一个老
寿星骑在一只鹿上，上空飞着蝙蝠。

寿星又叫老寿星、南极仙翁等，是与福星、禄星一样受人尊奉的吉祥神。相传他本是天上的一颗星，主管人的长寿，后多将之拟人化。现今我们所熟悉的寿星的形象多为：天庭饱满，大耳垂肩，白须飘逸，含胸拔背，一只手拄着龙头拐杖，杖上挂着葫芦，一只手托着仙桃。身旁有时还有象征"福""禄"的蝙蝠、鹿、仙童等。在人们心目中，他是和蔼可亲、慈眉善目的长者，是吉祥的象征。中国人认为"五福寿为先"，寿乃第一福，人若无寿，等于无福。所以老寿星是中国人家家户户欢迎的吉祥神，每逢过年或祝寿，总会挂上"寿星"图，供寿星像。对于那些健康长寿的老人，人们也会把他尊称为老寿星。

喜神即是吉祥神，因为人们的愿望都是趋吉避凶，追求喜乐高兴，因此就臆造出了一个喜神。民间传说喜神原本是拜北斗星神的一个虔诚女子，修道成仙时，北斗星君询问其所求，女子以手掩口，笑而不答，北斗星君误以为她祈要胡须，就赐了她长须，因为她笑时呈喜像而封为喜神，因有长须，不再让凡人看到她的形象，从此喜神专司喜庆，却不显神形。所以，喜神最大的特点是没有具体的形象，也没有专门的庙宇，高度抽象，但后世也有将祖先画像或商纣王视为喜神进行奉祀。对喜神的敬奉在各种礼俗活动中均很常见，尤其在婚礼中。迎喜神时，可在历书中查询喜神的方位。

财神俗称招财爷。财神有多种：赵公明、比干、五显、五通、五圣、五路神、利市仙官、招财童子、陶朱公，还有孔子的七十二贤弟子之一子贡，三国时期的关羽也被奉为财神，都各有其传说或史料为依据。

5 生肖：动物崇拜的产物

20 世纪 70 年代，美国前总统尼克松首次访华后，民间流传了尼克松给郭沫若猜谜的传说。尼克松听说郭沫若是中国当代的大才子，便有心在会面时考考他是否货真价实。在一次宴会上，尼克松见到了郭老，笑嘻嘻地上前打招呼并说："听说先生是中国大才子，我现有一道谜，请先生猜猜。'有12样东西，分给10亿中国人，每个人要有一份'，这是什么？"郭老笑了，不假思索地答道："这个嘛，每个中国人都知道，十二生肖。"这个传说诙谐、幽默。它从一个侧面告诉我们，人的生年属相，是我们的国俗。每个中国人都知道生肖，每个中国人都有自己的属相。当你降临人世间，相应的年份，便有相应的12种动物之一与你相配，而不管你本人愿意不愿意。在中国，十二生肖是民间流行的计算出生年份的方法。

古人怎么想起用动物来纪年？又为什么选择了鼠、牛等12种动物而没有选择其他？别看这问题简单，回答起来可不容易，学者们讨论了很多年才得出了一个大致结论——动物纪年可能是不少因素的合力促成的，而这其中最主要的应该是动物崇拜。

在原始社会，我们的祖先为了生存，要不停地与动物打交道，既要躲避它们的袭击，又要依赖其作为食物，于是，他们开始了对动物的顶礼膜拜：祈求猛兽不要伤害自己，祈求可供食用的动物种类茁壮成长，总而言之，是希望它们庇佑人类。于是，动物崇拜产生了。

十二生肖的成分虽然乍看有些复杂，但是仔细分析，大体分为以下几类：第一类是家畜，包括牛、马、羊、鸡、狗、猪、兔，数目超过了十二生肖的半壁江山。其中前六种是中国古人最为看重的家养"六畜"，《三字经》有云："马牛羊，鸡犬豕。此六畜，人所

十二生肖剪纸

饲。"别看今天多数中国人对牲畜的感情已仅限于对它们成为美食之后的钟情，在我们的先祖眼里，它们可是异常重要。据南朝时期宗懔编写的《荆楚岁时记》记载，当时民间将一年之中最新、最美好的日子让位于一些熟悉的动物：大年初一是鸡生日，初二是狗生日，初三是猪生日，初四是羊生日，初五是牛生日，初六是马生日，人类自己的生日被放在了初七。可见那时，古人便视牲畜为与自己地位平等的生灵。

第二类是野生动物，包括蛇、虎、猴。数千年前，在生存条件极其恶劣的情况下，野兽的侵扰让先民寝食难安，其中，蛇与虎是让人倍感困扰的两种动物，正因如此，古人才为我们留下了"一朝被蛇咬，十年怕井绳"的谚语和"谈虎色变"的成语，先民对它们由惧怕转变成崇拜也在情理之中。至于猴，它的相貌举止与人类的相似必定让我们的祖先百思不得其解，于是也产生了对它的尊崇。

第三类是神化的动物龙。它虽不是现实存在的动物，但我们的祖先早在六七千年前就确立了其在中华文化中的权威地位，十二生肖中又怎能少了它呢？

还有一种生肖动物没有提到，那就是鼠。小小老鼠，长相不起眼，德行也不佳，为何还能跻身十二生肖？让我们从它与人类的关系来看：一方面，鼠与人类关系之亲密不亚于十二生肖中其他任何一种动物，它吃在人家，住在人家，可以说是人类意外饲养的"家畜"；另一方面，它不像其他家畜一样为人类做贡献，人类却也拿它束手无策，捕鼠高招一出，老鼠或有对策，或消停一段时间后又层出不穷，人类对它的"才能"真是又怕又恨，所以说，老鼠被列入十二生肖也不意外。

说到老鼠，有些人马上想到了猫——它跟人类的关系也很密切，怎么没能入选生肖排行榜？这样想的人可不少，所以，清朝时候，还出了这么一桩趣闻。慈禧太后在位的时候，有一次荷兰大使夫人及女儿应邀入宫聊天，慈禧见了她们，一时不知如何启口，便按中国俗套寒暄，问大使女儿属什么。大使女儿一下子愣住了，不知如何回答，因为荷兰这个国度没有生肖习俗。可是，一国太后、权柄人物问话又不好不回答，她细想自己爱吃鱼，猫也爱吃鱼，就胡诌道自己属猫。慈禧是典型的守旧派，根本不了解国外的情况，听说她属猫，觉得很诧异。这则笑话反映了慈禧太后的昏庸无知，也从另一个角度透视出了猫在中国传统文化中的地位。其实，猫没被列入十二生肖的道理很简单：中国远古没有猫，如今我们饲养的家猫，最早的故乡在非洲苏丹，后来传入埃及，很晚的时候，才由埃及传到其他国家，中国也在其中。因而在中国人的动物伙伴当中，猫是后加入的，所以中国古人跟它的关系，远不如与其他家畜亲密，以它作为生肖也有点不可思议。

6 各行各业有规矩

民间手工业的禁忌因各行业不同而各显特殊性。在所有的行业中，采矿是最危险的行业之一。矿工在矿井中进行采矿生产，安全系数相对较小，特别是在过去古老的年月，安全措施差，因而有较重的生命危机感。故此，矿工在井上、井下时，忌说"死"、"憋死"、"砸死"之类的话，忌用脏话骂人。工人自己不能说，也不许别人说，夫妻吵架时都不许说。矿工觉着心里烦闷，或与人吵了架，这一天就不下井了。在行为上，矿工禁忌别人打他的帽斗（安全帽），不许把帽子扔到地上。因为帽子是保护头部的，也就是头的象征或同体。头是忌人敲打或玩摸的，更不能掉在地上。在饮食方面，矿工下井忌喝酒，闻着酒味也不行。下井忌带火柴，这大概是怕引起井下瓦斯爆炸。任何人在井口烧纸是忌讳的，因为只有死了人才烧纸。

矿井里有动物是吉祥的象征，东北煤矿工人忌讳在矿井中捕捉老鼠。"老鼠过街，人人喊打"，这本是家喻户晓的一句俗语，但矿工在井下，却敬鼠如神，哪怕再穷，一日三餐杂粮菜皮填不饱肚子，可老少矿工在井下吃饭时，总要分一点饭菜喂老鼠，吃不下的剩饭也从不带回家，倒在井下宴请鼠先生鼠太太。这崇尚老鼠的习俗是如何形成的呢？因井下有瓦斯、沼气和煤气，这三种气对人极有危害，老鼠和矿工一同生活在井下，它们也受到毒气的威胁，但鼠类对这三种气体极为敏感，只有在没有毒气的地方，这种小精灵才出现，所以矿工见了老鼠就有一种安全感；若看不到鼠儿在矿井下窜来窜去，即产生恐惧心理。

矿工最忌讳老鼠搬家，看起来这是一种迷信，其实也不尽然。矿下时常会发生大冒顶推倒掌子面的不幸事故，这种人不易发现的周期压力冒顶，老鼠特别敏感，发现鼠群集体迁徙，即是事故的预兆。祖祖辈辈生活在井下的矿工，摸出鼠的生活规律后，代代相传，这样就形成了矿中有关鼠的忌讳。井下有动物生存，这就向矿工们发出了安全的信息，因此这一忌讳具有一定的科学道理。

石匠凿石

石匠信奉"石头神"。中原民间以正月初一为"石头神"的生日。这一天，无论如何对石头都不能有所奈何，无论有什么样的特殊情况，都禁忌敲打石头；否则，会得罪"石头神"，"石头神"则会降灾难于匠人，使你不出成品，毁坏材料，甚至会长期卧病在床，不能痊愈。山东境内的石匠们则以三月十七为"石头神"生日。这一天，人们绝对不允许和石头有任何接触；否则，都会遭受灾难。农历二月初二俗以为是"龙抬头"的日子，因此，匠人这一天也是绝对禁忌做一切与石有联系的活。否则，会压了龙头，震坏龙体，伤损龙目，龙王也会降灾于石匠或有与石头有接触之行为的人。

石匠凿得最多的莫过于水磨。旧时水磨房供奉老君、河神及财神，每年正月初二、初三都要点灯、烧香、上供，祈求神灵保平安，多磨粮。因为所供奉的老君骑的是青牛，所以石匠在刻凿水磨时，凡人是不能手持鞭子在一旁观看的，否则，会惊跑了老君的坐骑，水磨无法完工。石匠打钻眼忌打空锤，否则不吉。凿石时，任何人不准开口讲话，认为开口讲话容易出工伤事故，俗规谁开口讲话出了事故就由谁负责。有的地方则不许大声说话。有些地方还不许女人到石洞中和石洞口上去，俗谓女人去了山神会发怒。放炮后，若有的石头似倒非倒，出了险情，也要请山神土地，祈求保佑。不少地方都忌将碗倒扣，俗谓此兆石矿洞要塌方。讲话的忌讳就更多了，如果采的是厕所用的石板"茅厕梁"，忌说出"茅厕梁"等相关话语，恐因此冲撞了山神，于采石不利。石匠为人刻完碑石之后，在立碑之日的早晨，忌说不吉利的话；在开始把碑竖稳的那个时刻，更忌人胡言乱语。另外，方言不同则俗规各异。诸如浙江青田忌"洞"字，进矿洞叫"进财"；忌"回家"一词，回家俗称"拔草鞋"；忌"洗"字，因为"洗"与"死"谐音，故石匠连锅碗都不洗，一般用布揩净。温岭不能把未开成块的石头石尾说成"石圾"，而要叫"梭"。

窑工皆须"禁窑"。旧历年终至翌年三月的停工称"禁春窑"。江西景德镇的瓷业生产，分为做窑户和烧窑户两大类，向来"做者不烧，烧者不做"。前者系中小资产，大部分以家庭手工业作坊为生产单位，他们资金少，无力建窑烧瓷，做成的瓷坯均须搭烧窑户的窑位烧成。而烧窑户则系富绅大户，具有较雄厚的资本及生产工具（柴窑），他们在景德镇是居于垄断地位的资产阶级，禁春窑期间，全镇瓷窑皆停止烧窑，这就苦了做坯户，他们"一日不做，一日无食"，做好了坯无处搭烧，成不了瓷器，自然无法去换取生活资料。除"禁窑"外，攸县陶匠烧窑时不能随意讲话，更不能开玩笑。据陶匠们说，这时讲不正经话就会招煞引鬼，触怒窑神，烧窑就不吉利。烧的货不是开坼，就是歪嘴瘪肚。

浙江奉欧冶子为祖师的剑匠炼剑时，不论师徒，如遇家中妻嫂作产，开头三天不能回家，否则便认为会将秽气带进剑铺，触犯祖师爷，将会带来不吉利。

古代把裁衣看作神圣之事，在中古时期，就有"裁衣求吉"的民俗观。古代对哪些日子不能裁衣有明确规定。据敦煌文献载：春三月中的申日不裁衣，夏三月中的酉日裁衣凶，秋裁衣大忌，血忌日不裁衣，凡八月六日、十六日、廿二日不裁衣，凶。以十月十日裁衣，大忌，晦三月裁衣，被虎食，大凶。

手工业的门类很多，各部门都有自己的禁忌。这些禁忌和各行业的生产内容及形式结合在一起，共同构成了行业特征。行业中人并不以为禁忌是迷信，而视其为应该恪守的法则。这些禁忌随着技艺一道，一代代流传下来。由于手工业是一种"流动"行业，多处于小生产状态之中，同行业中人很少能常聚一处，使得他们行业自身的习俗缺少系统性和凝固性，其禁忌习俗也多附和于当地的其他习俗，迎合了民间普遍的心理要求。

7 商贸活动中的约束规范

商业贸易的成败往往难以预料，因为偶然的因素很多，而谙熟商业禁忌并适当运用它们，有时也是赢利的关键之一。例如我国新疆的塔吉克族，每逢星期三和星期日不出售牲畜，不偿还欠下别人的债务，别人也不来买牲畜和还债。如果你不懂这一习俗而登门做买卖，那就会从此失去与他们的商业联系。前几年香港房地产商盖了一栋"伊丽莎白"大厦，据说差点无法出售。因为当地另有一家有名的伊丽莎白医院，住进大厦有如在医院养病。如果是欧洲人，则根本不存在这种心理，但粤语群落却视为严重的禁忌。

国内外这类禁忌风俗还很多，诸如动物、植物、色彩等等，每一个国家和民族都有自己的爱憎观念，因此，在商品的商标和图案设计、着色方面，都应注意这方面的民俗知识。否则，违犯这些俗规，买卖交易就会受阻。如中国民间崇拜的现实中的凤凰——孔雀，在印度却认为是"淫荡"的象征。人有好恶，国有禁忌，如果经营的商品的商标或包装违背了这些风俗习尚，就会失去其竞争能力，买卖必然以惨败而告终。

1985年3月30日，一贯与我国人民友好的埃及政府突然查抄了我国出口的布鞋。这一事件，使中外人士莫不感到震惊。后来，追查其原因，原来是我国出口布鞋后跟上的防滑图案花纹，与阿拉伯文中的"真主"字样十分相似，严重触犯了他们的禁忌，造成了极大的误会。此外，如我国出口的芬芳爽身粉，汉语拼音恰巧是英文"毒蛇的牙齿"，出口销售给英语国家，使人一看即毛骨悚然，谁还敢用？白象牌电池的商标，英文意思为"累赘"，其在国际市场上的命运也就可想而知了。这些问题，不仅仅是出口商品的图案设计、商品商标等问题，更重要的是设计者没有"出国问禁"，缺乏应有的商业禁忌知识。

由于传统信仰的缘故，有些事物会被认为是不吉祥的。这些事物显然不宜制成商品出售或作为商标图案，否则，同样会招致不幸。1983年11月9日，《人民日报》上曾报道了这样一则新闻：山西省土畜产公司运城地区外贸局，在1981年底收购了老鼠皮11000余张，其中一半已制成了鼠皮褥子。当地外贸领导还高兴地说："真是好东西，是咱们省裘皮业务上一个拳头产品。"但是，却一直打不开销路，加上工艺落后，连削价都卖不出去。结果，堆在仓库里，损坏变质，白白损失了200多万元。事后，山西省对外经济贸易厅负责人在总结中，认为最大的教训是对国内外裘皮市场的动向未摸清楚，没有获得充足的经济情报信息，就贸然行动。其实，从传统文化的角度看，主要还是缺乏应有的商业禁忌的民俗知识，忽视了国内外民间对老鼠的厌恶、鄙视，才造成了这种不应有的损失。

我国各民族往往因宗教信仰和迷信观念而限制或禁止某些与信仰观念相悖的消费现象，诸如食物、服饰、颜色禁忌等等，并以此规范人们的信仰行为，从而在人们的日常消费方面形成了大体稳定的禁忌惯例或规约。商人了解了这些惯例或规约，在经商活动中就不会因触犯当地的消费禁忌而碰壁。

禁忌在饮食消费方面有许多表现。土、裕固、藏等民族忌食马肉、驴肉、骡肉等奇蹄类兽肉。仫佬族、毛南族忌食蛇肉。鄂伦春族忌食熊头，小孩忌食鱼子，俗信以为鱼子数不清，年幼的孩子吃了会糊涂，不聪明。汉族不少地区未生育妇女及孕妇忌食狗肉或乌龟肉，以为会导致难产或胎儿病残。食物之所忌，往往与民族和地区民众的信仰习尚有关。壮族自古以农为生，重视耕牛在耕作中的地位，传统不食牛肉，以示爱惜。据史载，汉族至南北朝仍有规定，严禁宰杀耕牛，违者重惩，自元游牧民族入主中原，遂兴食牛肉之风。

维吾尔族在服饰方面禁忌短小，上衣一般都要过膝，裤腿达至脚面。住宅的大门禁朝西开，因为伊斯兰教的圣地在西方。云南普米族忌讳向少女赠送手镯和腰带，结婚时新娘忌穿白色衣服。汉族旧时也有类似颜色禁忌。父母给女儿送嫁妆要细细挑选，针线可送，但不能送刀、剪，以免误解为"一刀两断"。

俗话说："不懂天文地理不足为将，不谙风土人情亦不可行商。"商人经营的成败，消费禁忌习俗有一定影响，在特殊情况下甚至会起举足轻重的作用。不言而喻，这类消费禁忌习俗了解得越多、越详细，经商者就越能立于不败之地。

8 待人接物需谨慎

在泛灵论观念的支配下，民间以为时时有禁忌，事事有禁忌，稍有不慎，便会给自己或家人带来灾难。为人处世、待人接物方面的禁忌，属日常行为禁忌部分。民间禁忌在这方面起到一定的规范作用。人与人之间的种种微妙关系，特别是亲戚、朋友之间，法律往往是鞭长莫及，无能为力的，在一定程度上是由禁忌来限制调节的。

我国各民族素以好客闻名，在接客待客方面有不少禁忌。古俗有上朔不会客的习俗。年纪大的人，忌留住宿，恐有不测。俗语云："七十不留宿，八十不留坐"；"七十不留饭，八十不留宿"即为此意。在人际交往中还忌与和尚、道士、尼姑等来往，俗话说："前门不进尼姑，后门不进和尚"，"会交朋友，交些铁匠、木匠；不会交朋友，交些道士、和尚。"其中既有避嫌的意思，也有恐招来事端的担忧。

待客方面，以尊重客人为基本原则，给客人倒茶水时，壶嘴不要对着人家，因为"壶嘴"谐"虎嘴"音。递烟、酒、茶都要双手、忌单手；要主动给客人点烟，点烟时忌用一根火柴连点三支烟。酒以敬客多次为荣，忌自饮不敬客。客人进门的第一顿饭忌吃水饺，因为水饺是送行的食品，俗称"滚蛋包"，意味着客人不受欢迎。要主动给客人盛饭，盛饭时忌勺子往外翻，一说这是犯人牢食的舀法；一说是为避免财水外流。宴客席间主人始终陪坐，忌讳提前离席。吃饭未完忌讳将空碗空碟收走，忌讳抹桌扫地，俗以为这是"驱客"之举。宴客时禁忌子女上桌共餐，尤忌媳妇、女儿，否则，以为待客不诚、不敬。待客一般菜忌单数，喜用双数，取意"好事成双"。

到别人家做客的禁忌以尊重主人为原则。走进主人家，客人要主动向主人打招呼。汉族普遍的习俗是客人应当向主妇打招呼，否则，以为无礼貌，轻视主人。山东、河北一带，在别人家做客吃饭时，忌把鱼翻过来，谓之"客不翻鱼"；饭桌上忌说蒜和醋，因为蒜的方言与"散"同音，吃醋有嫉妒的意思。湖北长阳一带，进人家门时要高喊"送恭贺"，忌不声不响。浙江西南地区，到别人家串门，忌入两房，即生意人的"账房"和女人的"绣房"。外人入账房赶走财神，进绣房会带入恶煞。忌手提药包或香烛的人来串门，说这些人有鬼跟在身后，会把鬼带进门来。

交往中人们常常互相馈赠礼物，有些礼物含有一定的象征意义，所以赠物中也存在一些禁忌，如忌以手巾送人，俗语有"送巾，断根"、"送巾，离根"，且在丧俗中有以送手巾前来吊唁者，以示与死者"断绝"往来。忌以扇赠人，俗语"送扇，无相见"。且因扇子用过即失。忌以刀剪送人，以免有要伤害对方之嫌。忌以甜粿送人，民间过年时家家必蒸甜粿，只有丧家守孝才不蒸，如果以此送人，则意味着别人家有丧。给病人送的物品用单数，不用双数，特别忌用四个，因为"四"与"死"谐音，一般给死人献祭用四个。在香港给人送礼，特别是给商人老板送礼，切忌送茉莉、梅花。因为茉莉与"没利"谐音，梅花的梅与"霉"同音；去探望病人，切莫带去剑兰，因"剑兰"与"见难"相谐，这正犯了病家的大忌。一般给病人送水果要送橘子、桃、栗，这都含有平安吉利，逃离病魔的寓意，而切忌送梨，因"梨"与"离"同音。忌下午去看望病人，下午属阴，看过反会加重病情，若能带些青枣和生梨去，病人也许会感到高兴。因为枣谐音"早"，梨谐音"离"，枣、梨合送就意味着在祝愿他"早离"病房，早日康复，是讨彩话。假如有人送袋苹果去，容易引起病人的不快。因为在江浙方言中，"苹"还与"病"谐音，送苹果正好犯了忌讳。

江浙地区的男女青年，在热心人的介绍下互相认识，谈了几次，若双方都觉得有些意思，并有进一步交往的意愿，这时男方不妨争取主动，见面时给对方带点香蕉去，对方见了肯定会感到高兴的，因为香蕉谐音"相交"，这无疑是个好兆头。如果男方不谙世情，见面时带的是生梨，那么这种关系也许会就此告终了。至于夫妻之间忌讳以梨相送、分梨而吃的习俗，那是十分古老的了。据有关学者的考证，早在明朝时，江浙地区就有"男女不同凳、夫妻不分梨"的谚语在广大民间流传了。可见这种习俗的起源历史，至少已有500余年。

在江浙一带，若有人欲出门远行，如外出经商、入城求学、调动工作等，亲邻好友往往要带上些礼品去送行。送行的礼品是极为讲究讨彩禁忌的。若是送人启程，带上一小袋苹果和橘子是比较合适的，对方一般是会喜欢的。这不仅因为这几种水果可供路途解饥止渴，而且它们还暗寓有"平安"、"吉利"的意思。同是水果，送行时却忌送生梨，因为在江浙方言中，"生梨"音如"生离"，生离之后便是死别，让人难以接受。

人们在交际中，所要避开的禁忌实际上不是语言符号本身，而是由此而引起的联想。由于种种社会原因，指同一客体的两个词，一个委婉高雅而冠冕堂皇被人使用而不会引起伤害，另一个则粗俗难耐而令人难以接受甚至引起争端。譬如，在中国，两个老朋友久别重逢也许就这样开始他们的话题："老张，多年不见，你胖多了"，"啊呀，你怎么瘦成这样，怎么搞的？"这里"胖"是健康、幸福的代名词。相比之下"瘦"则暗含生活坎坷、事业不顺之意。在古代，胖是一种美称，为富态。当然，我们的看法也正在改变，现在没人把胖看作美了，很多人怕胖。不过，很多中国人并不忌讳别人说自己胖，但忌用"肥"字。更多的中国人用"壮实"、"丰满"等代替胖的概念。但是在美国，你若当面说一个人胖就是失礼，他会非常尴尬，并生气地沉下脸来。即使诸如"你并没怎么胖"之类的话，虽在中国人看来不乏包容之意，但美国人同样感到很不愉快。于是，有些人用 mighty 一词委婉地代替 fat。

人们相聚在一起的时候，常会遇到有人打喷嚏。打喷嚏是人们伤风感冒时因鼻塞使气息在鼻孔出入不畅而引发的症状之一，却被人说成利用法术诅咒过或鬼魂附身的征兆，它预示着不祥的事情，因此打喷嚏者以之为讳。鄂温克族人把打喷嚏解释为有人或有鬼在想念自己。有人思念当属吉祥之兆，但有鬼思念则是非常可怕的，一旦鬼想到谁，谁就要患病卧床。正是缘于这种讲究，鄂温克族人每听到他人打喷嚏时总要说上一句"愿想你的人活 100 岁，愿想你的鬼掉进火里烧死"。认为这样就可以消除打喷嚏可能带来的厄运。俄罗斯族聚众闲谈时，若有人打喷嚏，在场的人都要祝愿他身体健康，以此禳解不祥。台湾高山族人如果在耕作时打喷嚏，就要立刻停止劳作就地休息，或者干脆回家休闲，直到次日。古人还以为打喷嚏者会通过喷嚏把不祥传递给自己，因此，又以别人对着自己打喷嚏为忌。或说打喷嚏为别人在思念自己，这一说法实际是禁忌之变形，是自我安慰在心理上的实现。

上述这些家庭成员之外的人际交往禁忌，实为人与人之间相处的道德规范。因为皆以约束自己、尊重别人为准则，所以有利于融洽交往气氛，对调节人际关系，使之友善和睦相处，起着积极的作用。